JN102303

「子どもが世界に触れる瞬間（とき）」

手で触れる。
今、ここで、この世界を、確かに自分で感じ捉える瞬間。
ねんどのムニュムニュ。
木のザラザラ。
触っていたら形が生まれた。
これが今日のわたしの形。

目で触れる。
この世界の光、色の美しさに出会う。
この色、えのぐでつくってみたい！
いつもの景色が、今日は新しく見える。
自信はないけど描（か）きたいな。

身体で触れる。
世界はわたしより広くて大きい！
だからこの場所、手足をいっぱい動かして何かをつくって確かめる。
今日の風、肌で感じるよ！
どうやってつかまえよう。

道具で触れる。
自分の可能性が広がって
驚きやワクワクも広がる。

触れることは出会うこと。
触れることは感じること。
触れることは知ること。
触れることは試すこと。
触れることは創り出すこと。

だから、世界がわかるんだ。

自然に触れる

この色、すごくきれいだよ！

光 に 触 れ る

キラキラ発見！

材質（質感）に触れる

このガリガリの手応え、最高だよ！

環境に触れる

かべのデコボコみっけ！

イメージに触れる

この写真、好きかも！

時 間 に 触 れ る

僕 が 見 つ け た ユ ラ ユ ラ の 動 き 、 面 白 い よ !

「わからない」に触れる

なんだこれは?!

友だちのよさに触れる

私の線と君の線がかさなって
新しいイメージが生まれるよ！

子どもが世界に触れる瞬間 | 目　次 |

第1章

自然に触れる

季節はそれぞれの形や色を連れてきます。

未来を生きる子どもたちに、そうした自然の形や色などのよさや美しさに触れる機会を少しでも図工の時間につくりたい。

海、山、雪など、その地域ならではの自然を生かした題材や活動を取り入れて、子どもに触れさせてあげてはいかがでしょうか。

自然の持つ色や形、手触りについての気づきを促す

　春は花びらがいっぱいです。

T　いい天気だね〜。みんなでお散歩にでかけようよ！

　安全への配慮は必要ですが、まずはリラックスして季節を楽しむ気持ちを教師も持ちましょう。きっと楽しいですよ。

T　桜の花びらがふってるよ！　つかまえてみようか！

C　きゃっほー！

C　きれいな色の花びら見つけたよ！（主体的に対象に働きかけている）

T　他の色と違うの？（造形的視点への気づきを促す問い返し）

C　めっちゃ白いじゃん！（色の感じについて気づいている）

　この桜の花びらと色水を組み合わせれば、春の光の美しさを味わうことにもつながっていきます。

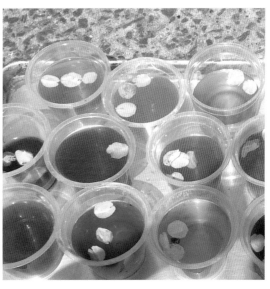

3

低学年では生活科などでも屋外に出て自然に触れる学習があります。また中学年になれば理科でも自然に触れる機会が出てきます。各教科・領域を通して「様々な見方や捉え方」で触れることが豊かさにつながってくるのだと思います。

　ですから、図工では「形、色、質感」など「造形的な視点」で対象を捉えることが大切になります。桜の花びら、秋の落ち葉の色や形、手触りなどについての子どもの気づきを大切にできるよう、発問や言葉がけを意識します。「秋のおべんとうばこ」という題材を例にして授業の具体を見てみましょう。

自然に触れる題材例 （学習指導案はP.109）

「秋のおべんとうばこ」 （低学年）　2時間〜4時間

題材の目標

　葉や木の実などを集めたり分けたりする行為を通して形や色、触った感じに気づくとともに、その感じを基におべんとうの具材に見立てて、並べたり重ねたりするなど表し方を考えて楽しみながら表すことができる。

授業ドキュメント

【秋の形や色を探しにでかけよう】

　校内や近隣の公園などの木々が色づいてきたら出かけましょう。

　私は屋外で活動するときには「集合場所」を指定します。全体が見渡せるような場所がよいでしょう。そして、時々集まる場面があることを事前に伝えておくと見通しにつながり活動がスムーズになります。もちろん安全にもつながります。

　活動の始まりに数枚の落ち葉をまず集めるように提案します。

Ｔ　さあ、秋になってたくさんの葉っぱが落ちています。みんなで拾ってみようね。じゃあまずは5枚拾ってみてください。

　そしてタイミングをみて一度全体を集めます。

Ｔ　今、集めた落ち葉。この中で兄弟みたいな落ち葉はいるかな?

と問いかけます。すると、

Ｃ　この葉っぱと、この葉っぱ、色が似ているよ!
Ｃ　とがってるから似ているよ!
など造形的な視点への気づきを促すことができます。これは触れることを通して獲得する

「知識」と言えます。子どもがそれを共有して、形や色に着目させていくとよいでしょう。
さらに、

T　手で触った感じはどんな感じがする？

と続けます。手触りの気持ちよさや、音の感じを話すでしょう。

T　じゃあ、形とか色とか、それから手触りの感じを大切にして、もっと落ち葉や木の実
　　を探して集めよう！

と活動を展開させます。ここからはたっぷり時間をとりましょう。

　この日はやわらかい秋の日差しがたっぷりふりそそいでいました。その光に誰かが落ち
葉をかざすと色がとても美しいことを発見し、クラスみんなでその色を楽しみ始めました。

　世界に触れ、そのよさや美しさを自分たちで見つけているこのような姿を大切にしたい
と思っています。

【見つけたものを材料にして「秋のお弁当」をつくろうよ】

　教室に戻って、集めてきたものを机に広げ最初と同じ問いかけをします。

T　兄弟みたいに似ているものある？
C　あるよ！

　つまり集めてきたものの仲間分けをするのです。これは「材料の鑑賞」活動と言えます。
同じ形、似た形。赤っぽい色、黄色っぽい色、レアな色！　自分で視点をきめることに
深い学びへつながる価値があるのです。

T　それじゃあ、最後は拾ってきたものを材料にしてお弁当をつくろう。秋のお弁当だね。

　この活動は、仲間分けの活動を生かし、落ち葉や木の実を「お弁当の具材」に見立て
る遊びです。並べたり組み合わせたりすることを通して、形や色の特徴をさらに感じ取
るだけでなく、構成する感覚を培うことにもつながります。

【お弁当試食会をひらこう】

　最後にお弁当試食会をひらきましょう。試食会と言っても実際に食べるわけではなく「目で味わう」鑑賞会です。お弁当の紹介を「メニュー」として言葉で書いてもよいでしょう。お互いの活動のよさやこだわりがとてもよく伝わります。例えば「小さな木の実」をふりかけに見立てる、なんていう発想の面白さに驚きます。ついついたくさんの説明を求めてしまいそうになる私ですので、図工においての言語活動のさじ加減に気をつけたいと思っています。

第**2**章

光に触れる

　光は視覚と大きく関係します。

　また、光に触れることは色に触れることでもあります。光の美しさに対して、子どもは「わあ、きれい！」と、とても素直な姿を見せます。

　光や色の科学的な一面も大切ですが、図工では光の美しさや変化に、子ども自身が気づき味わえるようにすることがまず大切だと思います。

　そこから、光のよさをさらに追求していくような学びの過程を大切にしたいです。

「色水で光を味わおう！
どこに飾ったらもっときれいに見えるかな？」

　子どもが光に触れることを大切にするにはいろいろな活動が考えられます。第1章でご紹介した、「太陽の光に落ち葉をかざすこと」もその一つです。

　定番題材の「色水あそび」もその一つ。「凧絵の具」という染料系の絵具は透過性が高いので、より一層色と光の美しさに触れることができます。

　色水をたくさんつくったら次のように発問してみましょう。

「どこに置いたらきれいに見えそう？」

　もちろん、この「きれい」は子どもが見つける「きれい」でなくてはなりません。子どもが何を見ているのか、何を感じ「きれい」を味わっているのかを、私も子どもに身を重ねて共に感じたいと意識するようにしています。

C　（色水の入った透明容器と水だけが
　　入った透明容器を）重ねてここに置い
　　てみるともっときれいになったよ。

　色や光を視点にして子どもとの対話を
行うことで、その子が何を見て「きれ
い」と感じているのか、重ねるという工
夫をどのように自己評価しているのかな
ど想いに迫ることができます。

T　重ねると色の見え方がきれいなの？

C　大きく見えて、透明になるんだよ！

自分のつくったたった一つの色水を日の当たる場所に置いて、いろいろな方向から見ています。光と色、
そして影の色の見え方の変化を味わっているようです。

「キラキラ光ってる〜」
アルミホイルなどの材料を加えて光と色に触れると、また違った発見や気づきが生まれます。

11

色セロファン、透明容器、CDケース、アルミホイル、ミラーペーパー、トレーシングペーパーなど、身近な材料だけで光に触れる授業をつくることができます。こうした材料を定期的に家庭から集めてストックしておくことも大切でしょう。また、色セロファンやミラーペーパーなどは、他学年の学習で使ったものをリサイクルしています。

　では、低学年から中学年におすすめの、色おりがみとトレーシングペーパーを使った光の題材、そして高学年におすすめのカメラのレンズフィルターで風景を変えちゃう題材、柔らかいランプを使った「灯」の造形遊びの題材をご紹介します。

■ 光に触れる題材例① （学習指導案はP.110）

「色と光のわっか」 （低学年〜中学年）　3時間〜4時間

● 題材の目標

　輪っか状にした色紙を組み合わせる活動を通して、光や色の感じやよさに気づく（わかる）とともに、色の組み合わせや並べ方、トレーシングペーパーとの組み合わせ方など表し方を工夫して、色と光のよさを自分らしく試していくことを楽しんでつくることができる。

● 授業ドキュメント

【どんな仲間に分けられるかな？】

　ここでの光に触れるための材料は「おりがみ」です。ここでは30色程度のおりがみセットを使いました。

　これを4人ほどのグループに1セット配布して「仲間分け」をします。これは「色の感じ」に子どもが気づくための手立てです。

C　青の仲間とかさ、赤の仲間とかで分けようようよ〜！
C　明るいとか、暗いとかで分けようよ！

　このグループは仲間分けから色の順番を自分たちなりに考え始めました。

　このグループは赤っぽい、青っぽいなど色味に着目しています。さらにその並べ方から「色の濃い、薄い」を意識していることが分かります。

　こうした子どもたち自身が形や色などの感じに気づくことは図工における生きた「知識」

です。正確な色の順番（色相環）になっていなくとも、これからの先の人生において更新されていくものとして捉えることが大切だと考えています。

　この気づきを後の表現活動に生かすために、クラス全体でどんな仲間分けをしたか共有する時間をとります。

【好きな色を一色選んでみよう！　それに似合う色はどれ？】

T　仲間分けできたね！　じゃあ、その中で今日、一番好きだなあと思う色はどれですか？全員選んでクラスで共有します。

C　この青だなあ。

T　その青だね。OK。例えば、その青に「似合う色」ってどれだろうね？

C　う〜ん、この水色だなあ。同じ仲間だもん！

T　なるほど。青と水色は仲間なんだね。皆さんも自分が好きな色に似合う色を選んでみようか。（選ぶ時間を取ります）じゃあ手に持ってみんなに見えるように上に挙げてみよう！　せーの、パシャ！

　色選び記念写真ごっこです。こんなちょっとした遊びの活動は、盛り上がるだけでなく、どの子が何を選んでいるのかを後で確かめることにつながります。

【おりがみをわっかにして組み合わせていこう！】

　手にしたおりがみを手かハサミで四分の一に切って帯状にします。これを色を内側にして丸め、ホチキスでパチン。さらに友だちが切ったものの中から「組み合わせたらよさそうな色」を交換しあって丸めてパチン。色のわっかを増やしていきます。

　そして画用紙を帯状にしたものを輪にして、中に先のおりがみの輪を、色の感じを考えながら並べます。ここは大型ディスプレーなどを活用し手順を示し、どの子どもでも活動の見通しとイメージをつかみやすくしてあげましょう。

C　きれーい。

T　すごーい、みんなのわっかが光ってるよ
　うに先生には見えます。それでね、このト
　レーシングペーパーという光が少し透ける
　紙を組み合わせてみない？　光と色の感じ
　が変わるかもしれないよ。

C　なんかふわっとした感じ！
C　2枚重ねてみたらいいんじゃない!?
C　丸めて中に入れてみようかなあ。

　光と色に触れ、そのよさや美しさを自分らしく見つけていく姿が引き出せます。
　また、何個もつくることができるので、さまざまな形や、色の組み合わせ方を試す姿も
出てきます。
　例えば、下写真の左の子どもは外側を三角形にして花のようなイメージへと展開してい
きました。また下写真の右の子どもは「緑の仲間」「黄色の仲間」など、最初の分類遊び
を生かした組み合わせが見られます。形や色について、子どもがどのような考え方を働か
せているかを見ていこうとすることが大切です。

　できた作品を教室の窓などに飾りましょう。いつもの教室に差し込む光が彩られます。
自分たちの造形が、身の回りの世界に、豊かな変化を与えることを学ぶきっかけになるで
しょう。

「ミラクルレンズ」（高学年）　4時間〜6時間

題材の目標

　透過性や反射性のある材料による光の感じを理解し、その組み合わせ方を工夫してレンズフィルターをつくり、周囲の環境や光の見え方の変化を考えながら主体的に試しお気に入りの風景写真を撮ることができる。

　紙コップをベースにして、色セロファンやミラーペーパー、トレーシングペーパーなど、透過性や反射性のある身近な素材を用いて「レンズフィルター」をつくります。これが「ミラクルレンズ」です。これをデジタルカメラに装着して撮影してみると……。眩しい光や色が風景を変化させ、思いもよらないイメージをつくり出します。

　「Photograph」の直訳は「光画」です。つまりカメラという道具は、私たちの周囲を一杯に満たす光をそのまま素材にする箱なのです。

　光とミラクルレンズフィルターの偶然の出会いによって生まれる色や輝きのイリュージョンが、子どものワクワクと、光や風景に対する新たな見方を引き出します。ここでは導入において、子どもが材料に触れ、光に対する特性に気づくことを促す場面から、自分らしく試していく過程を中心にご紹介します。

授業ドキュメント

【材料との出会いから光に触れていく】

　まず素材に触れることからはじめましょう。色セロファンや透明なビニール、ホログラムシート、ミラーシートなどを10cm角ほどに切っておいたもの。レンズシート（凹角型レンズ、これは42個のレンズが1枚になったものです。切ることで42人分となります。1000円〜1500円）、その他スパンコールなど透過性や反射性のあるものを準備しておきます。

　机の上に、こうした材料を人数分ずつまとめて置いておくのもよいと思います。少し時間がかかりますが、主要な材料だけでも一つ一つ手渡すと気づきを大切にできます。

T　今日はまずこの色セロファンを渡すよ。

C　（目につけながら）わー、世界の色が変わるぞ〜！

C　別世界！

T　じゃあ、これはどう？（凹凸レンズを手渡す）

ホログラムシート　　凹角型レンズ
カラーセロファン　　ミラーシート

C 景色がゆがむよ！

C わー、これすごいかも！

T じゃあ、これも組み合わせたらどう？（ホログラムシート）

C ミラーを重ねるとキラキラ光るよ！

T 材料を組み合わせて、光や色の変化を楽しみだしているね！

T さあ、これらの材料の特徴は何だろう？

C う〜ん、透明だったり、キラキラ光ったりする材料かな。

T なるほど。（他の材料を広げて）じゃあ、ここにもいろいろ材料があるんだけど、透明なものやキラキラ光るもので仲間分けしてみようか。

【光を試しながらレンズフィルターをつくることを提案する】

　色セロファンなどの材料と紙コップを組み合わせ、レンズフィルターをつくることを提案します。プロジェクターや大型テレビに映すと、実際の光や風景の見え方を共有できます。

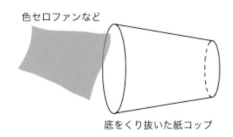

色セロファンなど

底をくり抜いた紙コップ

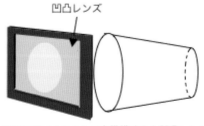

凹凸レンズ

厚紙で額のようなものを準備すると凹凸レンズなどがつけやすい。

（プロジェクターにカメラの画面を映しながら）

T この紙コップを使ってね、光を楽しむ装置をつくろう。レンズフィルターっていうよ。こんなふうにカメラのレンズ部分に紙コップをつけて……例えば、このコップの中に色セロファンを入れてみようか……。

C あ！ さっき試したみたいに風景の色を変えて写真が撮れるね！

T そうだね。じゃあ他の材料を組み合わせたら、どんな光や風景が撮れるかな。材料の組み合わせを考えて自分だけのフィルターをつくって光を撮影しよう！

【素材の組み合わせ方、光の入り方や変化の面白さなど具体的に評価する】

つくっているレンズフィルターをデジタルカメラに装着しながら見え方を試している。紙コップをつないで長くすることで、面白い視覚効果を狙っている。

　光を試し、つくり始める子どもたち。この子どもは、紙コップ二つを筒状にしたミラーペーパーでつなぐことを思いつきました。しかし、その見え方に納得がいかないようでした。

T　どう？　どんな光の感じになってる？

C　長くしてみたら綺麗になるんだけど、視界が狭くなってしまって……。

T　（実際に見ながら）<u>なるほどカップを二つ使って、その間をミラーでつないだんだね。</u>
　<u>狭いかか。でも外の風景や光は十分に入ってくるね。ミラーシートを丸めて使っていて、</u>
　<u>そこですごく反射しているから、視界が狭い感じはしないけどな。「新しい風景」って</u>
　<u>感じが先生はするなあ。</u>

　図工におけるこうした即時的な評価（下線部）で大切なことは「形や色、イメージ、材料の特徴や用具の活用の仕方」など造形的な視点や、創造的な技能の工夫などに基づいて対話することです。

　その子が実際に活動していることや試していることの「事実」を自覚化できるようにするのです。それがまさに「その子が創り出している価値」なのだと思います。

ミラーを三角にすると反射がすごいよ!!

【試し撮りをする】

　ある程度、子どもたちが試行錯誤し、活動が深まってきたら一度屋外で撮影をします。この「試し撮り」が、学び（作品）の振り返りとなり、さらなる試行錯誤の深まりへとつながります（屋外での活動では安全に十分配慮します）。

C　お！　いい感じ！
C　もうちょっと改良しようっと！

　教室に戻って仲間と共有します。大型ディスプレーなどで、数人に撮影した写真を紹介してもらい、どの材料をどのように使ったのかなど、その後のクラスの参考につながるよう教師は発問し促します。

　時間が限られている場合などはお互いにどのような写真が撮れたかを見合うだけでもよいでしょう。その際も材料をどのように組み合わせているかに視点を持てるような言葉かけを心がけましょう。

【つくり、つくりかえ、つくる】

　最初の撮影の結果を手掛かりにすることで、子どもは自分としてのよさや美しさを目指しさらに改良していきます。

　色セロファンの重ね方を変えたり、鏡の効果により意識的になったり工夫します。

　中には初めからつくりかえてしまう子どももいます。サイズが小さく、材料も少量であるため、そうした「やり直し」もしやすいのです。

　ここでは、最後に屋上に上がって撮影会をしました。大きな青空の光をつかまえて子どもたちは大喜びでした。

　お気に入りを1枚選び、作品として題名をつけて、プリントアウトすれば、校内展覧会などでも展示ができると思います。

「灯で遊ぶ」（中学年〜高学年）　2時間

題材の目標

　複数の小さな灯（プッシュライト）が空間にもたらす感じを理解し、灯の数や配置、透過性素材との組み合わせ方を考えて自分たちにとって心地よい感じを試しながら工夫して表すことができる。

　「光」にもいろいろな美しさがあります。子どもに様々な光に触れる機会をつくりたいと思います。これは、東京都の公立学校で行われている実践を少しアレンジさせていただいたものです。

　ここで使う「プッシュライト」は、カチッと押すと電球やロウソクのような暖かい光を灯します。これを「灯（あかり）で遊ぶ」と題した造形遊びとして題材にしました。

　中学年から高学年の造形遊びでは、子どもが「場所」との関係を考える授業設定も大切になります。「灯」としたのは、室内という場所と光の関係を意識できると考えたからです。おそらく、太古から人は暗闇に光を灯すことを生活の中で行ってきたはずです。焚き火、キャンドル、ランプ等々。うす暗い場所に灯を灯すことは視界を得るだけでなく、安心感や気持ちに潤いを与えてくれます。

　本授業では、暗い部屋の中で、灯をどのように配置するかを考え、他の材料と組み合わせるなどして、より居心地のよい場所へ変化させていくことを目指します。

授業ドキュメント

　準備として、ライトを消した状態で机の上に人数分以上の数のライトを広げておきました。数色のお花紙も用意します。そして部屋を暗くして子どもを待ちます。

C　え〜何これ！　真っ暗だよ〜！

C　これライトじゃない？　先生つけてもいいの?!

T　一人一つつけてみようか！

準備はいいですか？　せーの……。

C　わあ、きれいー！　なんかいいかも！

T　ちなみに、このお花紙を組み合わせたらどんなことができそう？

C　つつんだら色が変えられそう。

T　そう。やってみようね。（色のお花紙でライトを包む）おー！　確かに色が変わるね！
　このライトの光の感じはどうですか？　今日は一人に３個のこの灯があります。教室に
　どんなふうに置いたら、この灯のよさが生かせるかな？　友だちといっぱい相談しなが
　ら試してみようね。

C　まず机の上と下に並べてみようよ！

T　なるほど。自分たちに近いところから始めてもいいかもしれないね。それなら先生は
　机の横にもくっつけたいなあ。どうしようかな？

C　テープ使ってもいいのなら丸めたテープを裏に貼って止めたら？

T　セロテープ？　ガムテープ？　誰か試してくれない？

C　セロテープとれちゃうね。ガムテープだね。

　こんなふうに、子どものつぶやきや反応とのやり取りの中で、材料や用具についての共
通理解ができると活動への入り方として自然な気がします。もちろん、いつもうまくいく
わけではありませんが、授業づくりの目指す方向性として意識していることの一つです。

　ここでは初めはお花紙とガムテープ、セロテープだけを提示しました。机の周辺での活
動から、あるグループが図工室の角椅子を机の上に乗せて、その箱のような形状を生かし
た灯を協働してつくりはじめました。

　お花紙からほんのりと透過するする灯の美しさを試しています。椅子・灯・お花紙に手
で触れながら、三つの関係で、どのようなよさや美しさを創り出せるのかを探し考えて表
していると捉えられます。

　造形遊びの評価は難しいと思いますが、触れる
ことを視点にして、働かせている力を読み解くこ
とができると思います。

　もう少し「場所」を意識した活動へと広げてい
くために新たに材料を提示しました。図工室にあ
る透過性のある材料です。学習発表会で使った薄
いカーテン生地や、置き忘れのビニール傘、梱包
用の半透明のPPバンド、ビニール袋などです。

　子どもたちは個々に、または複数人数で活動を
大きく広げていきました。このように材料を少し
ずつ提示していくことは、造形遊びに限らず、絵
や立体、工作においてもねらいに迫る学習プロセ

スをつくっていく方法の一つでしょう。

この提示した材料は、必ず使わなければならないというものではありません。子どもが灯と場所との関係をきめていく際の可能性を開くきっかけです。造形遊びは「答えのない問い」ですから、教師の役割は、目標に即して子どもの造形的な力を引き出すとともに、創造の可能性を広げてあげることです。子ども一人一人が自分らしい答えへ向かっていくことに寄り添っていくという役割を心がけたいと思っています。

第**3**章

材質（質感）に触れる

　図工は「もの」に触れる教科です。「つくる、描く教科なのでは？」という声が聞こえてきそうです。もちろん、造形の基礎的な能力、想像力、創造力、技能の活用、そして感性などを育むことが大切な目的となります。しかし、そのための一歩に「触れること」があると思っています。それは理屈ではなく、子どもの姿から日々感じてきたものなのです。

　具体的な授業づくりとして「つくる・描く」の前に「材料などの質感に触れる」場面を意識的に取り入れるなどの手立てが考えられます。

　つるつる、ざらざら、ふわふわ、べちょべちょ……。世界にはいろいろな感触が待っているのですから！

つくること、の前に触れよう！

　子どもが大好きな木工作。「はじめから作品をつくる」という考え方の授業づくりではなく、まず木そのものに触れることを大切にします。紙やすりでまず磨いてみる。鉄ヤスリでちょっと削って手で触ってみる。そんな時間を少しでもいいので持つようにするのです。そこから切ってみる、釘を打ってみる、などゆるやかに試すように始めていきます。気がつくと子どもたちは表したいものを見つけて、技能を活用しながら夢中になって表していきます。そんな流れの授業づくりができるといいなと、いつも思うのです。子どもが自然体で創造に向かっていくことができるような授業です。そのとき、「触れる」を授業で意識することがポイントとして大切なのだと思います。

例えばまだ木工作の経験が少ない4年生。つくることの前に少しだけ「木に触れる」ことから授業を構想してみましょう。

まず「小割」という角材を子ども一人あたり20cmほど用意します。これを「クランプ」で机に固定して鉄ヤスリで削る活動から始めてみます。教師の投げかけはこうです。

T　木をガリガリとダイエットさせちゃおう！

このデコボコ感、最高！！

比較的柔らかい木材ですので形がすぐに変わります。子どもたちは大喜びしながら指や手のひらでデコボコに触れはじめるでしょう。形の面白さとともに、木肌のザラザラした感触への気づきを促します。

教師はともに活動を楽しむ心構えであるとともに「形」「手触り」を視点としてかかわり、言葉かけや対話をするようにします。子どもの「みてみて！」が聞こえたら、言葉を返す前に、まず教師も手で触れるようにするとよいでしょう。

顔を正面に

まっすぐ引く

この時間では、「ノコギリはじめの一歩」としてのねらいがありましたので、このダイエットさせた小割を小さく切りました。私はノコギリを含む「刃物類」は、はじめにかなりきっちり指導します。目的は安全に使えること。これが「正しい使い方」になると考えています。もちろんその先

に創造的な技能として、子どもの活用があるという位置づけです。

　のこぎりで切った木片はコロコロとして手に馴染みます。それを小さく切っておいた紙やすり（240番〜400番程度のもの）で磨きます。そして、エプロンや雑巾など布でキュキュッとこすると……。

C　すごーい！　ツルツルになる！

C　先生！　触ってみて!!

T　うわーお！　あっという間に手触りが変わったね！

　木は研磨することで手触りがどんどん変わっていくという特性があります。こうした材料の特徴に手で触れることで、子ども自身が気づいたり、分かったり、理解したりしていくプロセスを大切にしたいのです。

　私はこの後「つな木ぐんぐんぐん」という題材として、キリで穴をあけ、竹ひごでつないでいく活動へと展開しました（学習指導案はP.113）。ご紹介したような「材質に触れる」場面づくりは、他の題材でも応用が効くと思います。

【図工しかできない！　トロトロ、べちょべちょに触れる！】

　学校の教科の中で「べちょべちょとした質感」に触れる機会はおそらく図工しかないのではないでしょうか。土粘土、絵の具、PVAのり、木工ボンドを水で溶いたものなど、図工の材料などの中には「トロトロ、べちょべちょチャンス」がいっぱいです。子どもは基本的にはこの感触が好きです。ただ、近年こうした質感に手を触れることを嫌がる子どもが増えているように感じています。様々な感触の経験を増やしていくことが図工の役割の一つだと感じている私にとってはちょっとした危機です。触れることを楽しめたり、ワクワクしたり、いい意味でドキドキしたりしてほしいと思うのです。

　液体粘土というものがあります。手で触れると、少し粘りがあるのでトロッとした感触が心地よく、絵の具を混ぜることができたり、立体的に硬化したりするなどの特性があります。これに2年生が触れる授業です。7月の夏の暑い季節にちょっと触れたくなる工夫をしてみました。冷蔵庫でキンキンに冷やしておくのです！　題して「ひんやり・トロトロ・えのグー！」です（学習指導案はP.114）。

T　さあ、今日は皆さんにプレゼントがあります！　目をつむって手を出してください！
C　えーっやだー、こわーい！

ぎゃー！
つめたーい！
なにこれー！

この授業では、少し時間がかかりますが一人一人に手渡しました。苦手意識があると思われる子どもには指先に少しだけ。その後の活動を楽しんでほしいので無理のないよう配慮します。「きゃー、つめたーい！」と声が響きました。暑い夏の日に冷たい手触りが子どもの気持ちよさを引き出したようです。

しかし、このようなトロトロ、べちょべちょに触れる授業を教室で行うことは、汚れや片付けなどのことを考えると少しハードルが高いかもしれません。私は、一つのアイデアとしてボール紙のようなしっかりした紙を使って写真のようなトレーを準備して行います。この上で活動をすることで片付けの負担を軽減できます。また、スタッキングして乾燥させることもできます。ただ、手の動きを制限することにもなります。ここは一長一短ですね。

十分、ひんやりトロトロを味わったら、共同えのぐ、砂などを登場させて、指を使った色づくりと、砂のザラザラを楽しむ展開へとつなげてみました。

この日、購入した液体粘土が少し硬めだったので、水と木工ボンドを混ぜて調整したものを使用しました。手触りはよかったのですが、少しゆるすぎてしまいました。指の跡を残したいという子どもたちの思いを実現しきれませんでした。授業づくりは試行錯誤の連続なのですね。反省！

翌週には液体粘土が固まっています。そこから子どもたちはイメージを広げて、クレパスや共同えのぐで描いていきました。触れることで、材料の質感などへの気づきに重点を置いた前半から、自分らしくイメージを広げていく後半へと展開をつなげましょう。

材質（質感）に触れる題材例（学習指導案はP.115）

「むにゅっち」（低学年）　2時間

題材の目標

お花紙を袋状にして人形をつくる活動を通して手触りの感じに気づき、はさみやホチキスを使いながら、シュレッダー屑、綿や毛糸などの組み合わせ方を工夫して、よりよい手触りのいい人形にしようと主体的に試しながらつくることができる。

授業ドキュメント

【手触りを試そう！】

この題材は小さな人形をつくる題材です。2枚の紙を重ねて袋とじにし、シュレッダー屑や綿など中につめるものを変えたり組み合わせたりすることで「むにゅっ」「ふわっ」など手触りの違いを試すことをねらいます。

T　先生、今日こんなものつくってみたんだ。ちょっと誰か触ってみて。

C　うわ！　なんか気持ちいい〜。

T　でしょう？　これね「むにゅっち」っていう小さなお人形です。みんなもつくってみない？　今日は何個もつくれるから、まず一つ、先生と一緒につくってみようね。

大型ディスプレーなどで教師の手元を映しながら、一緒に行います。一気に説明すると話を聞く時間が長くなり飽きてしまいます。特に低学年では、まず「ともにやる」ことで、スモールステップで手順や用具の安全などを楽しみながら丁寧に確認することが大切です。

もちろん、その後に子ども自身が「創造的に試す」ことが目的です。見本通りにつくることを押しつけることにならないように意識します。

T　まず、配った紙（A4コピー用紙やリサイクルの薄手の紙を四等分したもの）を半分に折ります。そして、2枚紙を重ねた状態で、小さくなりすぎないようにハサミで切ります。紙を持っている手に気をつけながらゆっくり切ろうね。これが「むにゅっち」の形になります。どんな形にしようかなあ、と自分で考えて切ってみようね。こんな感じかなあ……先生はハサミも動かしているけど紙はどう？

C　紙も動かしてる！

T　そうだね。自分の切りたいなあという形によっては、紙を動かすといい場合もあるかもしれないね。

T　次にホチキスを使うよ。ここは慎重に2枚の紙の周りを留めていくよ。ホチキスで紙を挟んで、パチン！　あれ？　うまくいかなかったよお。そんなときは、ホチキスの後ろの金具でこのように外します。ようし今度は両手でパチン！　できた！　みんなもまず一つ留めてみよう。

このように進めながら、2枚の紙を重ねて、袋状になるようにホチキスで留めていきます。
その中にまずは「シュレッダー屑」を入れます。

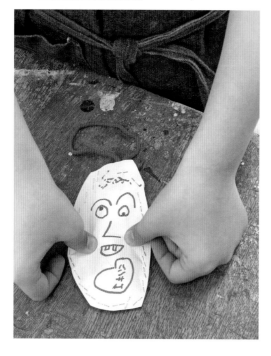

T　袋になったらこれ（シュレッダー屑）を入れよう。ぎゅうぎゅうと詰め込んだら、ホチキスで止めます。最後に毛糸をつけてパチン。ほら、むにゅっちの出来上がりだよ！　手触りはどう？

C　いい感じ！　でもちょっとかたい！

T　そうかあ。中に入れる紙の量を変えたらいい感じになるかなあ。もう一個つくって試してみようか。
コピー用紙とシュレッダー屑を用いて何個かつくる時間をとります。2時間続きであれば1時間目の終わり頃まででしょうか。

【この材料を加えたらどうなるかな？】

　この授業では「手触り」を子どもがより感じられるようにしたいと考えました。はじめは「コピー用紙とシュレッダー屑」の組み合わせから始めますが、途中から材料を追加することで、触れる楽しさアップをねらいます。

T　いくつか「むにゅっち」ができたね！　それでね、コピー用紙の代わりに、この紙（お花紙）を使ったらどうなるかな？

　コピー用紙の代わりにお花紙を使うことを教師が提案します。それだけでも手触りの感じが変わっていきます。

　ところが、シュレッダー屑の代わりにお花紙を中綿としても使い始める子どもが現れました。

　このような創造的に試す姿、新しいアイデアはクラス全体で共有しましょう。この積み重ねが「創造的に試すことを大切にする」という図工の授業文化をつくっていくことにつながるのです。

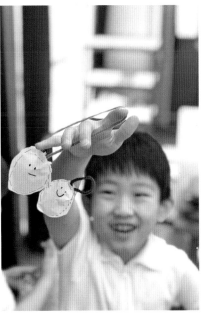

　そしてさらに「綿」を加えてみます。子どもは大喜びです。お花紙と綿の組み合わせでつくった「むにゅっち」を、

C　これはフワッちだ！

とある子どもが言いました。うーん、やられた！何て素敵な名前をつけるのだろう！　触ると確かにふわっふわっ。

C　じゃあさあ、綿と毛糸を混ぜて中に入れたらもっといいんじゃない!?

　この一言で、クラスの勢いが増しました。教師の手を離れ、子どもだけの創造的な時間になっていきました。

C　触らせて〜。

　お互いの「むにゅっち」の感触を楽しみ合う姿が自然に生まれます。

第4章

環境に触れる

私たちの身の回りには「形や色、イメージ」がいっぱいです。

そこに面白さや美しさを見つけ出すのはもちろん子どもたちです。それでも、「身の回りの世界には、いろいろな色や形、イメージが隠れているよ！　触れてみようよ！」というメッセージを教師が持つことは、とても大切で素敵なことだと思っています。

場や環境、生活の中に造形的な見方を働かせていく力は、今後ますます大切になってくるものだからです。

場にかかわる造形遊びのダイナミズム

　環境、と一言でいってもいろいろです。小学校学習指導要領（平成29年度告示）のA表現（1）ア「造形遊びをする活動」において、その対象として中学年で「場所」、高学年で「空間」という内容が含まれています。これは図工室や、学校全体、近隣の場所などの環境を示しているといえるでしょう。自分たちの造形活動にふさわしい場を見出したり、ある場の特徴に対して造形的に働きかけていったりする内容であることを表しています。

　例えばここでご紹介する「屋上大変身！」は、いつもの場所に材料を用いて「触れる」ことよって、創造的な造形活動を引き出して、環境や空間に対する新たな見方や考え方を培うものです。

T　みんなは紐を結ぶことができますか？（ここは、ちょっとクールに）

C　かんたーん。

T　じゃあ、この金網に結んでみてください。

　（子ども一人に結んでもらう）

T　おー上手に結べるね！　引っ張ってもほどけないもんね。じゃあ、反対側を〜！　うおー！

　（ビニールのテープのロール側を持ち、紐を出しながら反対側の金網に叫びながら走る）

C　きゃーわっはっは！　おもしろーい。やりたーい！

T　屋上に線ができたよ！　もっと紐の線を引いてみない？　屋上の変身だよ！

C　わおー、屋上が迷路になってきた〜。

C　ひもとひもを結んだらもっといいんじゃない?!

C　ジグザグになったよ!

　子どもたちは大きな空間がビニールのテープだけで、新たに変化していくプロセスを体感します。環境に触れる造形遊びをする活動の醍醐味の一つは、このような答えのないプロセスを「体全体」で感じることができることでしょう。

　ここで使用したテープは集めてとっておきます。透明な袋や傘袋などに詰めて人形や教室の飾りをつくりましょう。

【身の回りの形や質感を楽しむ鑑賞のアプローチ】

　次は、同じ「環境に触れる」ですが、鑑賞的なアプローチをご紹介します。

　身の回りの「凸凹」を写し取る活動は手軽に環境に触れる学びの定番です。

　まずはフロッタージュ遊び。薄い紙(コピー用紙など)を身の回りの凸凹に押し当てて、クーピーや色鉛筆などで擦ると写し取ることができます。低学年の子どもたちは夢中になって凸凹探検をします(学習指導案はP.116)。

T　さて、この模様。この部屋のある場所を写し取ったものです。どこでしょう?

C　壁!　床じゃない?

T　ぶーっ!　違いますねぇ。

C　探したい！

T　そうだね、誰か探してみてください。

　初めから、手順や方法を説明して探検に出かけてもよいのですが、クイズのような導入をすることで、子どもの遊び心をくすぐることができます。環境に触れることの楽しさを高めることにつながるので、その気持ちを大切に、次のように投げかけましょう。

T　さあ、学校中の凸凹を探しに出かけよう！

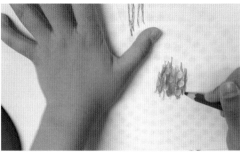

自分がいいなあ、と感じる「凸凹もようの紙」を選べているね！

集めた凸凹をカード大の画用紙に貼って「デコボコ当てっこゲーム」の活動も楽しいですよ。

　同じ凸凹を写し取る活動でも「紙粘土」で行うという方法もあります。より体感的、立体的に環境に触れることができます。環境に触れることのさらなる驚きや発見があります。そんな子どもの手触りへの気づきや驚きを教師も共に楽しみながら、個々の活動に寄り添うように心がけます。

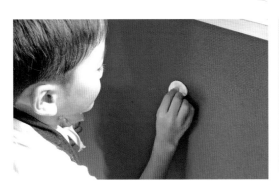

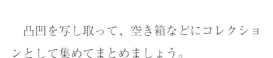

わあ、ブツブツしてる〜！

　凸凹を写し取って、空き箱などにコレクションとして集めてまとめましょう。

でも、もしかしたら「凸凹模様のねんど」を使って何かをつくってみたい、と子どもが言うかもしれません。そんなとき、私は子どもの考えにのってみます。凸凹を探して写し取ることで、まずは環境に触れ、その形の特徴に気づいた後の活動を子どもの思いに委ねてみるのです。

何かをつくりたいという気持ちは「イメージを持った」ことに他なりません。「形や色などの造形的な特徴を捉えること」(共通事項ア)、それをもとに、「イメージを持つこと」(共通事項イ)へと展開することになります。

環境に触れる題材例 (学習指導案はP.117)

「まちもじ探検隊！」 (高学年) 4時間

【「まち」に触れる図工ってあり?! 「まちもじ探検隊！」】

現在、私が勤務している筑波大学附属小学校は街の中にある学校です。こうした、それぞれの学校周辺の環境を生かして、社会と造形のつながりに子どもが気づいていくような図工の学びというものが、今後、より大切になると思います。

と言っても、造形的な視点である「形・色・イメージ・質感など」は、何も特別なものではなく、私たちを取り巻く環境世界の一つの要素です。いつだって、どこだって必ず「そこにある」ものなのです。そう考えますと教材としての可能性は無限です。我々が、環境をそのようなものの見方で触れ、いかにして目の前の子どもたちにふさわしい題材や教材とするかが問題になります。

まだまだ研究中のものですが、実践を一つご紹介します。街の中にある看板などの「文字」を探検して探す「まちもじ探検隊」です。

題材の目標

身近な街の中の文字を探す活動を通して、その形や色、質感などの特徴に気づき、そのよさや面白さが分かるとともに、造形的な視点に基づいて、仲間とともに分類の仕方を考え、主体的に図鑑として表すことができる。

授業ドキュメント

【ICTを活用して、まちもじへの興味を高め、造形的な視点のヒントを示す】

導入では、教師が撮影してきた「まちもじコレクション」を形や色を視点に紹介をします。街にある文字を「造形的にみる」ことを促すことが目的です。ただし教師が視点をす

べて与えるということではいけないでしょう。形や色に、子どもから触れて気づいていくような導入場面は、その方法を研究しなければいけないといつも反省しています。

ですから、せめて子どもが「まちもじって面白い！」と感じてもらえるようにICTを活用してテンポよく紹介をしました。次のような感じです。

【見慣れた街の文字、思い出せるかな？】

T この写真（図a）どこだか分かる？

C 駅前のビルじゃない?!

T そうです、茗荷谷の駅前です。でもちょっと変な感じがしない？

C お店の看板の文字がないよ！

T そうなのです！ あるはずの看板の文字をすべて消してみました。さて、どこにどんな形や色の文字があったか思い出せるかな？

図a

C 右のビルの一階はハンバーガーショップだよね！

T じゃあ、その文字は何色でしょう？

C 黄色だよ！ いや白だったかなあ……。

T では、後で実際に確かめに行ってみようね。このように、私たちは普段、あまり街の中の文字、「まちもじ」を意識することがありません。でも、よく見てみると実にいろいろな形や色、並び方をしているのです。その一部をご紹介します。

【「まちもじ」って、どんな感じ？】

《まるまる文字発見！》図4-1

T まずこんな「まるまる」な文字を見つけたよ！なんのお店だかわかるかな？ 実はこれはお煎餅屋さんの看板のまちもじだよ。お煎餅みたいな「丸」が組み合わさってできていることを発見したよ！（形）

《カクカク文字発見！》図4-2

T これはとっても「カクカク」だよ！ 三角定規を当てると全部直角でした！（形）

《かたむき文字発見！》図4-3

T お肉屋さんの看板まちもじです。みんな仲良く傾いて並んでいます。（レイアウト）

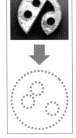

図4-1

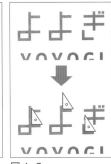

図4-2

図4-3

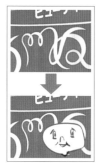

図4-4

《くるりん文字発見！》図4-4

T　これは美容院の看板文字です。とってもくるくるしていて目にとまりました。こんなふうに、もし顔を書いたら、まるで髪の毛みたいだね！（イメージ）

T　では、みんなでカメラを持って「まちもじ」探検に出かけよう！きっと、みんなは先生より面白い形や色の「まちもじ」を発見できると思うなあ。

【さあ！　「まちもじ」探検に出かけよう！】

　4〜6人ほどのグループになり、それぞれタブレット1台を配布し、学校近隣のまちもじ探検に出発しました。全体で歩くときは撮影はせずに、近隣の公園や、やや広いスペースまでの移動としました。そこを「本部」として、5分〜10分など、時間を指示して、探検に出かけて戻ってくるようにしました。そしてまた別の広めのスペースまで移動し本部とし、グループで探検という具合です。

　子どもというのは「探す」という活動が基本的に好きなのだと思います。こうした校外活動ではなおさらでしょう。とにかく「行こう！　行こう！」と前のめりになります。この気持ちを大切にしながらも「安全」と「公共の場での配慮」「撮影の注意」など、丁寧に話し理解させることが必要です。

このまちもじ、いいんじゃない？

丸っこい文字発見だ！

足元にも「まちもじ」があったぞ！

「切れてるまちもじ」って感じ

43

【撮影した「まちもじ」の形や色の感じなどをもとにまちもじ図鑑をつくろう！】

　次の授業では、撮影してきた「まちもじ」をＡ４に４枚ほど配置し印刷をしたものを各グループに配布しました。タブレットの中の撮影画像も見比べながら、どんな「まちもじ」が集まったかを確かめ分類します。

どんな文字が集まったかな？

　ここでは「まちもじ図鑑」をつくりました。これは教師から提案しました。図鑑というのは、ある対象がカテゴライズされている本です。導入での教師が提示した視点を参考にしながらも、自分たちの「まちもじ」を、自分たちの視点で分類をすることが大切だと考えました。そして図鑑として編集することも一つの創造的な活動であると考えました。

図4-5

図4-6

　図4-5のグループの子どもたちは「ふで文字」という視点を見出し、分類しています。「毛筆で書いたような」形の特徴を捉えているのです。

　また、その下の「かくまる文字」は、導入で教師が紹介した「丸っこい文字」と「カクカクした文字」の両方の特徴を併せ持っていることを見つけています。

　造形的な文字の学習というと中学校美術科での「フォント、レタリング」などの学習が思い出されますが、小学校高学年でも、自分たちの視点で、文字の形や色、質感の特徴を捉えることができるのです。

　図4-6のグループは「縁取り」という表現の効果に着目しました。何気なく見ているだけでは見過ごしてしまう、ちょっとした文字デザインの効果に気づいているのです。

　文字の形の特徴から、それが表しているもののイメージを想起して結びつけているグループもいます。

図4-7のグループの視点は「のばし文字」です。そばやうどんの宣伝ポスターの文字なのです。筆で書いた文字から「おそばがのびている」というイメージを見出したのです。

この他にも「ニョロロンもじ」「さびもじ」「飾りもじ」など、ユニークな分類の視点がありました。ランキングをつけることなども、高学年の子どもたちらしい表し方やまとめ方も楽しいですね。

図4-7

「ぽっちゃり文字」形に基づいた分類の視点

完成した「まちもじ図鑑」は図書室に展示してもらいました。

質感から「古い感じ」

第5章

イメージに触れる

　教師の押し付けるイメージではなく、その子のイメージを引き出すことができるか、イメージに対する子どもの想いや感じ方にどこまで寄り添えるのか。日々悩んでいます。

　私は教師として、つい自分が前に出てしまうところがあり課題です。「こういう感じになってほしい」という無意識の願いのようなものが心のどこかにあって指導に表れてしまうのです。

　ですから身近な美術作品をみる場合も、教師の見方や感じ方、美意識を伝えるのではなく、また文化的な背景や文脈を教えるということではなく、まずイメージに子どもが丸ごと触れることができるようにする。それが、学習指導要領にもあるように「意味や価値を子ども自身がつくりだすこと」になるのでしょう。

　形や色に触れ、かかわりながら、自分らしくイメージを持つ。時にそれを壊して再び新しいイメージへと更新していこうとする営みの過程そのものが「創造する」ことなのだと思います。

　授業の中で、そのような姿をどの子どもにも保証することを肝に銘じなければいけないなあ、と日々反省です。

その子の中からイメージが沸き立つように

　例えば、想いのままに絵を描く。それは自分のイメージに触れることで、自分と向き合うことなのだと思います。そのためにも、子ども一人一人の内側からイメージが沸き立つようにしたいと思うのです。

　ところが、クラス全員の子どもが、図工の時間の中だけで、どんどんイメージを持てるか、というとそうではありません。一人一人のイメージを尊重すれば、個人の志向や経験による差が生まれやすくなります。つまり、授業の中で子どもがイメージを持つきっかけや、そのタイミングなどの違いを教師が許容し、考慮する必要があるのです。ここが「自分らしくイメージを持つ」ことの難しさかもしれません。

　どの子も「自分のイメージに触れる」ことができる。このためには、例えば絵に表す活動で、四角い画用紙にいつも描くだけでなく、様々な活動の中でイメージに触れる経験が必要でしょう。作品化することの前に、子どもが描くことそのものを楽しむような活動や、鑑賞の活動を通して楽しみながら多様なイメージに触れる機会を増やすことが大切ではないでしょうか。

【身体全体でイメージに触れる】

　例えば、屋上いっぱいにチョークで絵を描く活動。大きなキャンバスの上に自分が乗っかって、イメージに身体全体で触れていく活動です。伝えることはただ一つ。身体を意識させることです。

Ｔ　自分より大きな絵を描いてみようよ！

イメージに触れる題材例① （学習指導案はP.118）

「なににみえるかな？」 (低学年)　2時間〜3時間

空に浮かんでいる雲、破いた紙の形、壁のシミなどが「何かに見える」ことがあります。これがイメージの見立てです。

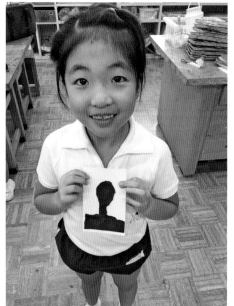

イメージの見立ては、比較的どの子どもでも楽しめるものでしょう。ですから、絵を描いたり、立体に形づくったりする場合にも、見立てから想像を広げていくことは、苦手意識を持っている子どもへの手立ての一つになると思います。

例として、手軽に取り組める「なににみえるかな？」のカードづくりの活動があります。

黒い色画用紙をびりびりっと破く活動から始めます。その破いた紙をカード大の紙に貼り、なにに見えるかを見立てます。自分の見立てを裏に答えとして書いて遊びます。

C　これなーんだ！

T うーん、なんだろうなあ。木？
C きのこだよ！

　カードサイズにすることで、何枚もつくることができます。繰り返すことで、多様な見方の広がりが生まれるチャンスが増えます。

　そうした繰り返しつくる活動の中で、この子どもは、図と地の関係を逆に捉えて見立てることを思いつきました。破いた黒い紙を背景として白い部分を見立てていました。こうした新しい見方をクラス全体に共有するとよいでしょう。子どもたちは新しい「イメージの触れ方」を学ぶことになるでしょう。

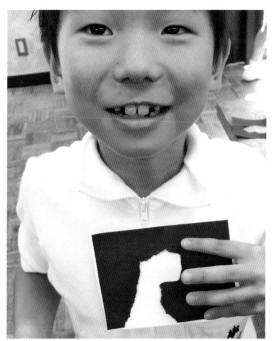

　このようなカードでの活動のよさとして、遊びの活動を通した相互干渉へ展開しやすいことが挙げられます。

　この授業では、途中に「このカタチなーんだ？」と、お互いで見立ての当てっこ大会が自然に生まれていました。

　授業のまとめとして、クラス全員でも当てっこ大会をします。より多くの友だちとお互いの考えを交流することはイメージについての見方を深めるとともに、活動の満足感、そして自己肯定感へとつながっていくものでしょう。

　そのときのお互いの見立てを伝え合うことで生じる「見立てのズレ」こそ、造形的な見方・考え方を深める重要な学びになります。カードの裏に、友だちの違う見方をメモするなどの活動を取り入れるのもよいでしょう。

「アートカードでミルタツになろう！」（高学年）　1〜2時間

題材の目標

　カードゲームのような遊び的な活動を通して、楽しみながら美術作品などのイメージに触れ、自分なりの見方や感じ方を大切にするとともに、友だちとの違いによって多様な見方や感じ方を味わうことができる。

授業ドキュメント

【その子の感じ方、見方でイメージに触れることを大切にする】

　美術作品の鑑賞などもイメージに触れる学びです。美術作品はある時代に創り出されたイメージです。誰がいつ、どのような背景で創り出したイメージなのか、という知識的な側面から触れることも発達段階や子どもの実態によって大切になるでしょう。しかし章の冒頭でも述べましたが、小学生の子どもたちには、まずは先入観なくありのままに絵や彫刻などに触れさせることが大切です。「この絵好きだな」「私には、こんなふうに見えるな」「この絵はこんな感じがする」という、一人一人の感じ方や見方でイメージに触れ、その子自身が、イメージの意味や価値を創造することを大切にした授業づくりです。

　可能であれば美術館に出かけて本物の美術作品に触れる時間をつくりたいところです。しかし、日常的に実践するにはハードルが高いのも事実。そこで、教室や図工室でも、手軽に子どもの感じ方や見方を大切にしてイメージに触れることのできる鑑賞の授業の一歩として、アートカードは有効です。トランプやカードゲームのような楽しさがあり、子どもたちもノリノリで取り組めます。

　アートカードとは、美術作品の写真を印刷したカードです。ハガキほどの大きさのものが使いやすいでしょう。

　カードは20枚〜30枚ほど用意します。市販されているものもありますし、教科書の指導書とセットになっているものもあります。15年ほど前は、こうしたものがありませんでしたので、自分で印刷したものや美術館で手に入るポストカードをラミネートして自作していました。

　このアートカードを用いた活動の楽しい実践をされている先生は多くいらっしゃいます。私がご紹介するまでもありません。

　ここでは、私が「他の題材や他教科と結びつきやすいな」と感じている二つの遊び方をご紹介します。題材と題材の間のちょっとした時間、イメージに触れる

他の題材の導入などに短い時間で設定できます。

　ポイントは、いずれの活動においても「カードに描かれていること（イメージ）の形や色、そしてイメージの特徴に基づく」ことです。

【つながり神経衰弱】

　トランプの「神経衰弱」という遊びがあります。裏返したカードの中から２枚を選んで同じマークや数字が出たら取ることができるというものです。

　アートカードの神経衰弱では２枚のカードに描かれていることの中の共通、または似た形や色、イメージの特徴を見つ

けられれば手に入れることができるというものです。つまり「形や色、イメージのつながり神経衰弱」です。例えば、上の２枚のカードを引いたとします。どんなつながりを見つけられますか？　どちらも赤い色が使われているので「赤つながり」もできそうです。左の絵の中の「丸い形」と右の絵の机の上の「果物に見える丸い形」でつなげることもできそうですね。これをグループの仲間に説明し、納得をさせられればカードゲット！　となります。

　この「つながり」を見つける活動では、イメージに触れる機会が増えるというよさに加え、描かれている形や色、イメージの特徴など造形要素の細部に目をむけることになります。造形的な見方を育てることをねらうものです。

○○つながり！！

それ、どうかな？！

【アートかるた】

　アートカードに描かれていることをもとに、かるたのように短い言葉で読札をつくり、読み上げて当て合う遊びです。これは、描かれているイメージに対して、自分なりの感じ方や見方で意味や価値を与える、つまり創造的にみる力を育てることをねらうものです。

　4～6人ほどのグループになりアートカードを表にして広げます。まずは教師が用意した読札を読みましょう。例えば「ざっぶーん！」この読札を聞いたとして、皆さんは下の中の絵のどちらのことを言っているのだと思いますか？

①

「ざっぶーん！」

②

　②です。大方の先生方は②を選んだのではないでしょうか。これで1枚ゲットです。

　しかし、これはあくまで「私の見方」です。正解は一つではありません。もしかしたら①のイメージから「ざっぶ～ん！」をより強く感じる子どももいるかもしれません。そのときに大切になるのは「どこを見てそう思ったか？」ということです。描かれているイメージの何に着目しているのかが根拠になるからです。全員のすべての読札に根拠を求めて言語化し話し合うことは、時間的にも、学びの楽しさという点からも無理のある活動かもしれません。しかし、読札の裏に、一言根拠を書いてみたり、同じ読札から選んだカードの違いを共有して話し合ったりするなどの学習過程は発達段階や実態に応じて取り入れてよいと私は考えています。大切なのはその子の感じ方や見方を働かせて創造的にみることです。それぞれの感じ方や見方の違いこそが学びを深めます。そのためには、イメージに触れて感じたことや思ったことを読札で言葉にしてみる、どこを見てそう思ったのかということを話してみるといった言語化が大切になります。

Aさん
海の中の街？

Bさん
うずまきにともる灯

T おー、同じ絵だけどなんか違うね。Aさんは、どこを見てそう思ったの？（描かれていることから考えの根拠を導く発問）

C うずまきと青い色がなんか海みたいだったから。

T なるほどね〜、ぐるぐるした形と青の色味から海というイメージを持ったんだね。先生も海のように見えてきました！（言葉で表した考えの根拠を繰り返して確かめるとともに価値付けて評価する）

　じゃあBさんはどこを見てそう思ったのかな？

C うずまきの周りに街とか星の灯がともっている感じがして……。

T それはどの色の部分？（焦点化する発問）

C この黄色とオレンジとか、白いところかなあ。

　しかし、「何かを味わい、そのよさや美しさを感じること」と「それを言葉にすること」の間には大きな溝があります。目と手で触れ、心で捉えたことのすべてを言語で表現することは大人でも難しい。子どもであればなおさらです。また、このような鑑賞遊びの学習では個人の話すことや書くことの特性の差が学習に影響します。ですから、少しでも言葉に表すことに対して苦手意識を持っている子どもでも楽しく取り組めるようにしたいと考えました。読札カードにあらかじめ書くための視点を三つ示すことでハードルが下がり、楽しく取り組みやすくなります。他の公立学校で行った際も効果的だと感じました。

ヒント１：擬態語や擬音語で表すと？
　　　　　例：クネクネ、もわもわ、しゅわーなど。
ヒント２：どんな色の感じかな？　何色が多く使ってあるかな？
ヒント３：見立てや比喩で表すと？
　　　　　〜みたい、〜に見える

アートカード　カルタ　よみふだ

ヒント１　ぎたい語・ぎおん語
　　　　　（例：くねくね、もわもわな感じ）

ヒント２　色のヒント

ヒント３　〜〜みたい、〜〜に見える

年　　組　名前　　　　　　正解カード番号

【もっと手を使って楽しみながらイメージに触れる～プラ板模写修行～】

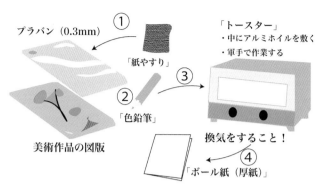

プラバン（0.3mm）
①
「紙やすり」
「トースター」
・中にアルミホイルを敷く
・軍手で作業する
③
②
「色鉛筆」
美術作品の図版
換気をすること！
④
「ボール紙（厚紙）」

アートカードを使ったイメージに触れる活動からいくつかの題材に発展させることがあります。簡単にご紹介します。

まずはその名も「プラ板模写修行」。一見修行のようなのに、やってみるとハマっちゃう題材です。簡単に言いますと「写し絵」です（笑）。私は子どもの頃、透明なプラ板に絵を描いたり、漫画を写したりして遊んでいました。それを家のトースターで温めるとくるくるっと丸まって小さく縮むのが楽しくて仕方がなかったのです。そのキッチュな楽しさや可愛さと美術作品の模写、写し絵をドッキングさせたらどうなるか。これがたまらなく子どもたちのハートに火をつけます。ポイントは透明プラ板の表面を紙やすりで擦り、ザラザラと目立てをすることです。すると色鉛筆で描くことができるようになります。普通プラ板遊びは油性ペンを使いますが、これだと単純な色やタッチしか表現できません。色鉛筆を使うことで美術作品などの微妙な色合いも表現しやすくなるのです。

アートカードからお気に入りを選んでプラ板を重ねて写します。中には「色変えてもいいよね？」「この絵とこの絵を組み合わせてみたいんだけど」「表と裏と両方から描いて縮めたらどうなるかな？」などイメージを自分に引き寄せて表現したり、表し方を自分らしく工夫したりするなど、創造性を発揮する姿が現れるでしょう。

【つながりイメージ美術館】

　イメージに触れることは、第4章「環境に触れる」ことにもつながります。私たちは書籍や印刷物、インターネットやテレビなどのメディア社会の中で膨大なイメージに取り囲まれて生活しています。自身の好みや選択にかかわらず様々なイメージ（情報）を受け取る環境に生きていると言えます。そこで大切になるのはイメージ（情報）の取捨選択や分類です。例えば「好きなイメージ」。この視点で選ぶことは比較的簡単かもしれません。しかし私たちは、それを意識することは少ないのではないでしょうか。情報に対してどのような触れ方があるのかを知ることは、学習を通して様々な見方を経験することが必要です。そこで図工の鑑賞のアプローチが大切になってくるのです。

　先にご紹介したアートカード「つながり神経衰弱」。この活動を行うと様々なつながり、つまり「イメージを捉える際の共通の造形的な視点」が子どもの言葉で語られます。それを活動の最後に全体で共有します。例えば「丸い形つながり」《形》、「自然のイメージつながり」《イメージが示す内容》、「赤色つながり」《色》、「さわやかな感じつながり」《イメージの印象、特徴》、など、視点によってカテゴリーに分けて板書します。

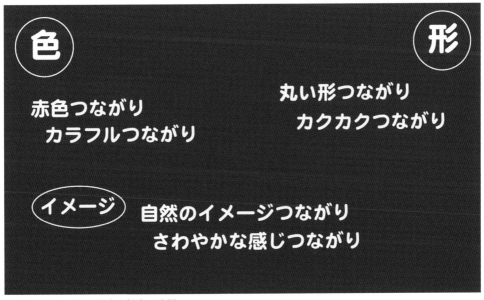

子どものつながりの視点を板書で分類

　アートカードでは美術作品のイメージの中でしたが、この「つながりの視点」を使えば、身近なイメージに範囲を広げてコレクションすることができます。

　対象は、不要になった雑誌や折り込み広告などです。こうした素材を日常的に集めておくことが大切です。身の回りのイメージを授業で使用する場合、事前に教師が目を通して、大まかなイメージの傾向や、発達段階に相応しいイメージかどうかを確認することがやはり必要になるでしょう。

「つながりの視点」でコレクションすることを子どもに提案し、一人一人に「つながりの視点」を決めるように促します。私は、コレクションを貼るための画用紙の裏に「○○つながりコレクション」とメモさせることが多いです。

T　さあ、このつながりの視点が自分のイメージキーワードです。雑誌などの中の絵や写真などのイメージにも同じつながりがあるでしょうか？つながりイメージ探検を始めてみよう！

雑誌や広告を「イメージ置き場」として教室に大きく広げます。子どもの動線を考え、クラス全員が同時に動いて探すことができることを意識して場を設定しましょう。探検するというワクワク感を引き出すことが、イメージに自ら触れていくためには重要だからです。

図1は「水面」をキーワードにイメージをコレクションした作品です。自分の視点で集めたイメージを画用紙に自分らしく考えて貼るところまでを学習のめあてとして設定しています。

もう少し子どもが自分に引きよせて「自分らしくイメージを持つ」というところまでねらいを設定することもできます。つながりの視点でイメージを探すところまでは同じです。そして図2、図3のように箱を美術館と見立てて既習を生かしながら表現していきます。

図2の子どもは「勢い」をつながり

図1　「水面」つながりコレクション

の視点に美術作品や雑誌の中からイメージを集めました。さらに紙粘土なども使いながら「勢い美術館」として自分らしくイメージを工夫して表現しようとしています。

　図3は「筆書き」を視点にコレクションし、自分でも筆絵のよさを生かそうと表現しています。折り鶴などを使っていることからも、筆書きのよさから、日本の美しさを感じていることがうかがえます。

　イメージの共通点を「つながり」として、カードゲーム、コレクション、そして自分のイメージや表現にまでつなげる美術館づくり（〜展覧会）と授業展開をご紹介しました。このような鑑賞と表現を一体的に扱う学習は図工における深い学びを目指す上で効果的な授業づくりと言えるでしょう。大切なことは「イメージに触れる機会」を少しずつ取り入れていくことから始めることだと思います。子どもにこの世界に溢れるイメージに、自分らしく触れていけるような力を身につけてあげるためには「楽しい！」という思いを育むことが最も大切なのだと思うからです。

図2　「勢い」美術館

図3

第**6**章

時間に触れる

　子どもは動くものが大好きです。

　それは例えば昔ながらの工作や仕掛け絵などにも息づいています。今ではICT機器を使うことでアニメーションのような動きのある表現も授業に取り入れることができるようになりました。

　この「動く」には「時間」という要素がかかわっています。形や色、イメージなどが時間の流れの中で変化すると面白く、時に美しく、そして楽しいのです。

　この章では、動く仕掛けを持つ工作や絵、そして簡単なアニメーションの実践をご紹介します。

「動く＝時間」という要素を意識すると子どもが動きだす

　子どもは「動く」ものが好きです。それは、もう本能的に反応してしまうといった感じです。

　ですから、子どもの主体性を引き出すために、図工の題材や授業展開に「動く」という要素を意識することは、授業づくりの一つの方法になると考えています。

　章の冒頭でも述べましたが、これには「時間」という要素が大きくかかわっていると思っています。形や色、イメージなどが「時間」の中で変化する面白さ、とでも言いましょうか。題材で具体的に考えてみましょう。

時間に触れる題材例①（学習指導案はP.120）

「スライドおえかき」（低学年）　2時間

　例えば第5章「イメージに触れる」に、動き・時間を加えて題材にしてみます。

　これは、絵を描くことに対してちょっと苦手意識を持つ子どもや、描きたいイメージが浮かばないという子どもの実態から実践したものです。絵を描く、という内容を四角い画用紙だけに限定せず「動く」ようにするのです。

　それが「スライドおえかき」です。フォーマットは下図の通りです。

短冊に切ったコピー用紙
裏から通すと「画面」のようになる。描きたい
気持ちにあわせてどんどん長く貼っていくこと
ができる。

カッターで切り込みを入れた色画用紙
カッターが使えれば子どもが切る。
切り込みを切ったものを用意しておくと
描くことに時間をたくさん使える。

　このように固定された画面ではなく「横にスライドしていく画面」なのです。子どもは自分の思いの流れや、経験の時系列に沿って絵を描き進めていくことができます。この「スライドして動く」という仕組みは、絵を描くことに苦手意識を持つ子どもやイメージが思いつきにくい子どもでも比較的取り組みやすくなるようです。

　例えば、夏休みが明けて初めての図工の時間。

Ｔ　夏休みはどうでしたか？　楽しいことがいっぱいありましたか？　先生もいろいろありました。絵で紹介しますね。はじまりはじまり〜。先生は家族で山へキャンプに行き

ました。車に乗って向かいましたら高速道路で渋滞につかまりました！

C　わー大変！　うちもそうだったー！　なんか紙芝居みたい！

　このような導入で、実際に教師が書いた「スライドおえかき」を子どもに語りながら見せましょう。ここでの教師の作品で大切なのは、絵の上手い下手ではなく「楽しそうに夏休みのことを描いて話している」ことや「簡単な絵だけれども丁寧に描いている」ことが子どもに伝わるようにすることだと思います。それが今日の授業のねらいであり、子どもにとっての目標になります。

T　では皆さんも、動くお絵かきで夏休みの出来事をお友だちや先生に教えてください。

　ここでは水性のカラーペンを主に使いました。子どもの思いに応じて色鉛筆やカラーペンなど、既習の描画材を子ども自身で選択し組み合わせることも大切な学びです。この子はキャンプに行った思い出から始まりました。テントの中で座っています。

飛行機と電車に乗っておばあちゃんのお家に行きました。そして野菜を取りました。つづく！

このように子どもの「動く絵のお話」を聞くことはとてもとても楽しいものです。そのときにお話を聞きながら、その絵の部分をさりげなく指差したり、スライドを動かしてお話とコマを合わせたりして、その子が描いたイメージとつなげてあげることが図工としての価値付けになります。

T （絵を指差しながら）これがそのホテルだね。立派な感じが伝わるなあ。素敵なホテルに泊まったんだね！

【動き＝形、色、イメージ＋時間】

　このような「動く＋イメージ」に子どもが触れる学習活動としてアニメーション表現や映像表現があります。現在は教科書等では大きく扱われていない内容ですが、初等教育段階でも造形の基礎的な能力を発揮し身につけながら、つくり出す喜びを感じることのできる授業づくりの可能性があると私は考えています。

　アニメーションとは、様々な仕組みを使って、残像効果や目の錯覚などを起こし「イメージが動いて見える」ようにする表現方法のことです。紙に、少しずつ変化する絵を描いてパラパラとめくるとあたかも動いているように見える「パラパラマンガ」などは身近な材料だけでできる初歩的なアニメーション表現です。

　そのような中で、どの子どもにも「動き～時間」に触れることの楽しさを味わわせることのできる表現方法として、コマドリアニメーション（ストップモーションアニメーション）があります。これは昨今のICT環境の充実によって実現されるものです。

　「ストップモーションアニメ」とは、絵や、ものの位置を少しずつずらして静止画（写真）で撮影し、これを連続再生するとあたかも「動いているように見える」というものです。カメラ付きタブレットなどの登場によって、子ども自身が動きを試行錯誤しながら、アニメーション表現をつくることが可能となりました。とても直感的に、まるでタブレットを絵筆のようにしてアニメーションをつくっていくことができるのです。

　私が感じている、教育的な価値やメリットとして以下のような点があります。

---

① 「つくる、撮る、確かめる」というプロセスによって、感覚的な造形表現と客観的な思考の行き来を引き出すことが期待できる。

② 映像やメディア表現に対する、今の子どもたちとの親和性が主体的な姿を引き出し、かつ協働的な造形表現活動の充実が期待できる。

③ 身近な材料で、しかも少量でも行える。

④ 限られた時数でも実施することができる。

⑤ 大きく映しだすことが可能で、行事や他の教科との連携が期待できる。

　中でも、①「つくる、撮る、確かめる」というプロセスは大切です。直感的に動きを表しながら、それをリプレイすることで「どんな動きになっているか」客観的に自らを振り返り確かめようとする子どもの姿です。

　また、「つくる」ことについては、何と言っても図工でお馴染みの材料や用具などが使

えるということがメリットです。図工では「具体物」に触れることが重要なことは本書で最も伝えたい事柄ですが、ICTのようなメディア機器を活用する際にも、私は「具体」や「アナログ」に子どもが触れることを心がけています。

　ですから、タブレットやコンピュータの中だけで完結してしまうプログラミングアプリは、私は授業では使いません。「つくる」においては、やはりアナログの要素が大切なのです。

そして、先にも述べましたが、「動きを確かめる」姿が最も重要でしょう。「こういう表現になったぞ。じゃあ次のコマはどうしよう？　あ、いいこと考えた！　次はこうしよう」という、前後のコマの関係性から自分なりの解をつくり出すための「確かめる」です。具体物（材料や絵）の「形や色、イメージ」を、「時間」の中でどのように動かすかを考え、試し、表現する過程の子どもの姿として「つくる（描く・具体を操作するなど）→撮影する→動きや変化をみて確かめる→考えて次のコマをつくる」という時間に触れていくサイクルが、教師の指示ではなく、子どもの中から自然と生まれるということが大切なのです。

それでは、iPad（Apple社）とストップモーションスタジオ（Cateater, LLC）というアプリケーションを組み合わせた実践を一つご紹介します。

ここでの学習環境の設定として、私は左写真のようなものにしています。

これは、カメラを固定して表す場を「机の上の画用紙の上」と限定します。こうすることで、対象の形や色、位置の変化を微妙に調整することに意識が向きやすくなり、「動き」そのものの表現に子どもの創造性が向かいます。タブレットやカメラが自由に動かせるよさもあると思いますが、私はまずこのフォーマットを基本にしています（固定するためのアームは1000円ほどです）。

「カタチキャラクターでおはなししよう！」（低～中学年）4～6時間

題材の目標

　切った紙の形の特徴から考えて割りピンなどを用いて動くキャラクターをつくり、さらに自分と友だちがつくったキャラクターの特徴からイメージを広げ、動きを捉えながら簡単なアニメーションとして表すことができる。

　「ストップモーションスタジオ」は操作が簡単なため、低学年～中学年でも使うことができます。ここでは割りピンを使った「動く紙人形」の工作題材における発展的な学習として設定しました。

授業ドキュメント

【オノマトペからカタチを考えて画用紙を切ってみよう！】

　いきなりキャラクターをつくろう！と投げかけても、イメージがわかずにつくることができない子どももいます。そこで、まずは紙を切る活動からはいってみましょう。

T　さて、問題です！「ふわふわなかたち」と聞いたら、どんな形を想像しますか？（「ふわふわ」と板書）

C　雲みたいな形！

T　なるほどねえ。じゃあ、机の上に置いてある画用紙を「ふわふわの感じの形」にハサミで切れるかな？

C　簡単だよ!!

T　ふわふわに切ることができた人、みんなに紹介してくれますか？（共有する）
　では、次に「トゲトゲ」な形はどんな感じ？　だれか黒板に書いてくれる？

C　いいよ！（黒板に形を描いてもらう）

T　じゃあ、トゲトゲの感じも画用紙で切ってみようか！

　思い思いの形が生まれるでしょう。正解はありません。それぞれの違いを比較するなどの時間を取ることも大切です。

C 私のトゲトゲの感じの形はこれだよ。

C 僕の方がトゲトゲだよ！

　さらに、子どもと一緒に活動を展開していきましょう。

T 「ふわふわ」「トゲトゲ」のような形の言葉って、他にどんなものがあるかな？

C 「ジグザグ！」「カクカク」「くるくる」

C 組み合わせてもいいんじゃない？ 「くるかく」とかさ！

　このようにして言葉をもとにして形で遊びます。いろいろな形が生まれます。これをグループで集めていきます。

「くねジグカクとげくる……」こんな切り方みつけたよ！

【形をつなげて動くキャラクターをつくろう！】

　この形を割りピンでつなげて、動くキャラクターをつくります。

　実は最初から「キャラクターをつくろう！」と投げかけてもいいのですが、先に述べたように、思い浮かばない子どもや既成のキャラクターに寄り過ぎてしまう子どもが出てしまいます。そのための手立てとして、少々手間はかかりますが、形を切る活動から始めています。めうちの安全な使い方を確かめて、割りピンの方法を押さえたら、さあキャラクターをつくろう！

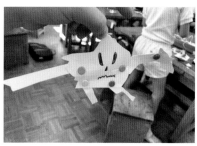

形をつなぐだけでキャラクターが生まれるので、どの子どもでも、どんどんつくることができます。もちろん、そこからさらに別の形を切ったり、動物のようなイメージを持ってつくったりと、それぞれの思いを広げていきます。

C これみてみて！ 時計くんだよ！ くるくる動くんだよ！

T 割りピンを上手に使ったんだね。トゲトゲの形なんかが手や足に生かされてるね。

C これトゲトゲから生まれたキャラクターだよ！

T 重ねて切ったの？ 同じ形が合わさってかっこいいね！ なんだか先生には強そうなキャラクターに思えるな。

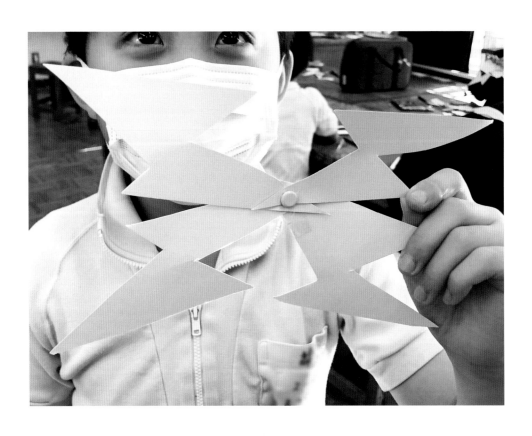

【つくったキャラクターをみんなで動かしておはなししよう！】

　自分のキャラクターと友だちのキャラクターの特徴などから、映像で物語の広がりを描く楽しさを味わわせることをねらいます。

　そのために、まずは子どものアニメーションへの気持ちを高めながら、操作方法を押さえる必要があります。キャラクターをつくった次の週の図工の場面です。

T　先週はステキなキャラクターがたくさん生まれたね！　ねえねえ、その中の一つを持って、前に集まってくれる？　今日は、キャラクターに命を吹き込んで動かしてみたいんだ！

C　えー！

　前へ集めて、あらかじめ用意しておいたタブレットや固定アームを紹介します。

T　今日はこれを使ってみるよ！　まずキャラクターを動かしてみたい人！

　まず2、3人からキャラクターを借りて始めます。アプリのアイコンを紹介し、ディスプレイに実際のタブレットの画面を映した状態で、一つ一つ手順を追います。操作はシンプルですので子どもはすぐに覚えてしまうことでしょう。

T　この赤いボタンを押すと、カシャっと写真を撮ってくれます。少しキャラクターの位置を変えて、またカシャ。さらに位置を変えてカシャ。そして、この三角ボタンを押すと……。

C　動いたー！　簡単簡単！

いよいよグループに分かれてキャラクターをアニメーションで動かしましょう。タブレットの台数にもよりますが、2〜4人のグループがよいと思います。

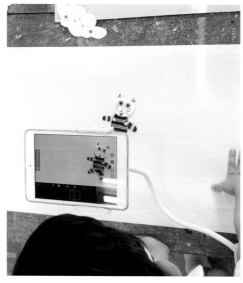

　思いつくままにキャラクターを動かしていく中で、いろいろな思いが膨らんでいきます。

C　登場人物を増やしていい？
C　後ろに絵をかいてもいいよね？
C　いいお話が思いついたから、最初からつくってもいい？

　つくりながら、表しながら自分たちの新しい課題を見つけていく、これが図工の「つくり、つくりかえ、つくる」という本質的な学びの姿なのだと思います。アニメーションの活動は、つくり、撮影し、確かめて、新しい思いやイメージを持ち、またつくりかえる、という姿を引き出すのです。

「タブレットの操作は順番だよ」という、クラス共通のルールを設けますが、グループごとに、徐々に役割ができていきます。協働的な姿も期待できます。

ぜひ、先生方も子どもたちのエンドレスストーリーを共に楽しんでください。

そうした中で、イメージに合わせ工夫した表現が出てきます。「背景の色紙を変化させることで場面転換を表現」したり、「ズームアップで動きのダイナミクス」の効果をねらったりしたものなどです。こうしたことをクラスに共有することが教師の役割の一つになります。このような映像による表現は、なかなか自分たちだけで表し方の工夫を広げていくことは難しいものです。子どもたちが創り出す様々な表し方の工夫を教師が取り上げて紹介することが、少ない時間数の中で学習の効果をあげるために大切でしょう。

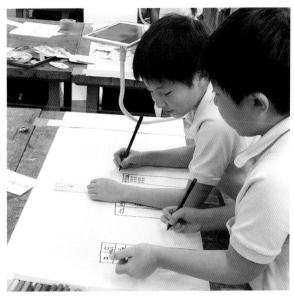

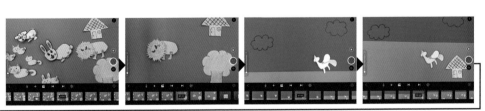

楽しい牧場に恐ろしいライオンが！ そこにユニコーンが空から舞い降りてきました。（背景の青い色紙とともにスライドしてくる）

ユニコーンがライオンを追い払ってくれました。（ズームによって、牧場から飛び出していくライオンを表現している）

そして、子どもたちが「友だちに見せたい！」と思ったときこそ鑑賞のチャンスです。いつでもディスプレイにタブレットをつないで「勝手に上映会」を推奨しています。ただ、お客さんが集まらないこともあります。そこがまた面白いところ。

C　みなさーん！　上映会始めまーす！　みてくださーい！

　クラスでワイワイ、アニメの物語を楽しみましょう！

時間に触れる題材例③（学習指導案はP.122）

「飛べ！　飛ぶんだ紙コプター」（低学年〜中学年）　2時間

【動く工作が子どもは大好き！】

　子どもは動く工作が大好きです。これは、私自身も子どもの頃に親しんだ、昔ながらのおもちゃづくりに今も息づくものです。「コマ」「やじろべえ」「ビー玉コースター」などなど。この動くおもちゃづくりは、日本の造形文化の継承という側面もあるでしょうけれど、私はむしろもっと原始的で素朴なつくる喜びと醍醐味、そして豊かさがあると思うのです。図工においてつくる喜びを味わうための必殺技のような感じでしょうか（笑）。まずは、短時間でできる動く工作の実践をいくつかご紹介します。

　アンアンアン　とってもだいすき〜。子どもは飛ぶものもだいすき！　紙コップ ミーツ タケコプター＝「紙コプター」（でも頭につけて本人が飛ぶことはちょっと難しいかもしれません）。

準備

・紙コップ（小）、竹ひご（5〜7cmほどに切る）、はさみ、ボンド、セロファンテープ、めうち

① 紙コップを点線のように切り、タコの足のように外へ折り広げる（切り方を変えると飛び方が変わる）。

② 上面の中央にめうちで穴を開ける。

③ 穴にボンドなどを少量つけ竹ひごを通しセロファンテープで接着する。

④ カラーペンなどで模様を描いたり色を塗ったりするなどして飛ばす。

⑤ より高いところから飛ばし、飛び方、回転の美しさを追求する。

⑥ 「優雅飛び」「切ない飛びシライ2」「爽快飛びH難度」など、自分の愛機の飛び方にネーミングするのも楽しい。

穴は竹ひごより「小さく」します。
セロファンテープを「L字」にして竹ひごを挟むように貼ります。
そのあと指で竹ひごに巻き付けるようにしてください。
裏からも固定すると完璧です!!

　写真のように「タコ」のように羽を開いたものをベーシックとして一人ひとつつくります。軸をしっかりセロファンテープで固定するなどうまくいかない子どももいるので、まずはそこをサポートしましょう。全員が「飛ぶ楽しさ」を味わうことが大切ですね。その後の試行錯誤のモチベーションになるからです。

うまく飛ばすことができると、新しい思いや
アイデアが沸き立ちます。
「紙コップに色を塗りたいな！」
「カップを二つ重ねてみたいな！」
「羽の数を変えてみよう！」
など様々な試行錯誤が始まります。

　紙コプター一つ一つには飛び方に違いがあり
ます。その飛び方に名前をつける活動を最後に
行うと振り返りになります。「ゆるゆる飛び」
「安定飛び」など楽しいネーミングが出てくる
ことでしょう。もっともっと、ステキな回転飛行物体を創り出そう！　みんなで、レッ
ツ！　紙コプター!!!

カップをダブルにしたよ！

色を塗ったらキレイだよ！

第 **7** 章

「わからない」に触れる

　出会ったことのない状況に対してアクションを起こし何かを創造したり、今ある条件から独自の価値を見出したりする力はこれからの時代にとても大切だと言えるでしょう。

　図工という教科の本質は、状況への反応力と対応力にあるのかもしれません。そんな「わからなさ」と子どもが出会うとき、たくましい創造性が発揮されるのだと思います。

「なんだ？　これは!?」を子どもに起こす

　子どもに「今日は○○をつくろう！（描こう）」と教師が言わずに造形的な活動への思いが子どもの中から沸き立って、自分自身で活動や学びの方向をきめるような授業が、究極の図工授業なのかもしれません。

　造形遊びは、材料や場の設定によって、そのような「子どもが造形的な自身の学びの方向をきめていく」ことを引き出す学習内容です。しかし、もう一つの表現領域である「絵や立体、工作にあらわす」でも、その考え方を生かした授業づくりがしたい。そうしたときに、例えば材料などを「欠けた状態」「足りない状態」「壊れた状態」とすると面白いことが起こります。材料そのものが「なんだ？　これは!?」という「問い」となって、子どもの思考を揺さぶり、自分自身の「こうしたい！」「こうしてみよう」を引き出すことができるのです。

　例えば、一見普通の画用紙に見える紙。真ん中に切り込みを入れておく、つまり「欠けた、壊れた」状態にしておくのです。子どもにとっての「わからないもの」を教師が仕組むのです。

Ｔ　今日はこの画用紙でつくって遊ぼうね〜。

　普通の画用紙として何食わぬ顔で子どもに手渡します。するとある子どもが気づきます。

Ｃ　先生！　この紙、切れちゃってるよ！　なにこれーー！

　しめしめ。とぼけましょう！

Ｔ　えーっ!?　本当だ!!　ありゃーごめんねえ。じゃあ、この切り込みの入っちゃった紙でどんなことができそうかねえ？

　この「切り込みの入っている紙」は「わからないもの」です。この材料の造形的な可能性の発見を子どもにまかせます。さあ、どんな発見が飛びだすか。私もこの「わからない」から子どもが何を創造するのかワクワクしてしまいます。

　ここでは最初の20分ほど「試す」時間をとりました。

　別の紙を差し込んだり、折ったりして立体として展開する子ども、動くカードのような仕掛けのある工作に展開する子ども。そうした一人一人の思いを引き出し、認めながら寄り添っていくことを大切にします。

　比較的安価なハガキ大の画用紙ですので、つくりかえていきたいという子どもの気持ちにも可能な限り答えるような構えを持ちます。

　余談ですが、子どもが図工の中で試行錯誤をすると材料の無駄が出るように思われるかもしれません。この題材で言えば、偶然生まれた「無駄紙」こそ、その後の子どものクリエイティブのヒントとなります。また別の学習のために「お

宝紙ちょきん」として保管しておくとよいと思います。

T　今のところ、どんなことをはじめたのかな？　紹介してくれる？

C　折ったら、面白い形になった！　バネみたいになるよ！

T　そうかあ、真ん中の切り込みのおかげで、複雑な感じで折ることができるんだね。今のアイデアに似ているなあ、という人はいますか？

C　私も折ったんだけど、動物になったよ！

C　すっごーい！　かわいい〜！

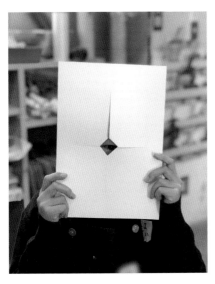

　このような共有場面を挟みます。その子のアイデアと、材料の特徴、ここでは切り込みが、どのように関係しているかを価値付けるように教師は言葉を加えます。その後、子どもがさらに試行錯誤してつくっていく際に、「今日の授業で大切なポイントだったな」という意識を持ち、確かめることを促すことにつながります。

この「わからない」に子どもが触れるとき、大人である私は「ヤラレタ！」の連続なのであります。子どもの発想する力、想像する力って本当にすごい！

「わからない」に触れる題材例（学習指導案はP.123）

「穴のあいちゃった紙を助けて！」（高学年） 5〜7時間

題材の目標

穴のあいた紙（ダンボール）の形や色の感じを捉え、それを基に発想し、既習の用具などを活用しながら工夫し、自分の思いを大切にして絵や立体、工作など表し方をきめて表すことができる。

用具・場の設定の例

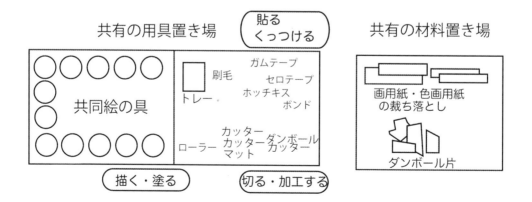

【穴のあいちゃったダンボールが造形的な問いになる！】

　この題材の「わからない」は「穴のあいてしまっているダンボール紙」です。穴そのものに視点を置いたり、周りの白い紙の部分に視点を置いたりしながら絵や立体、工作に表すための発想の能力や創造的な技能を発揮させます。

直径１７cm〜２０cmほど

白ダンボール紙
約520mm×380mm

　そのように子どもが、絵や立体、工作のいずれかの方向に「決めたくなる」ようにするために、材料に工夫をします。ダンボールは両面の白いもの（約520mm×380mm）としました。その中央付近に穴をあけておくのです。

　その穴は「ちょうど顔を出せる」「頭にかぶれる」程度のものにしておくことがポイントです。おおよそ17cm〜20cmほどがよいでしょう。

　この「わからない」ものから、子どものどんな創造が爆発するのか。顔出しパネルのように絵を描く、頭に乗せて帽子をつくる、穴をゴールにしたボードゲームをつくるなど、様々な子どもの姿が思い浮かびます。さあ授業を見てみましょう！

授業ドキュメント

【「わからない」に出会い、触れる！】

　子どもが図工室に来る前に、机の上にこの「穴のあいちゃったダンボール」を置いておきます。または一人一人に１枚ずつ手渡してもよいでしょう。とにかく、「え？　何これ!?」というびっくりとワクワクを子どもの中に起こしたいのです。

　「わからない」ものと、子どもたちとの出会いです。いろいろな反射的な反応がはじまります。

C　これ顔出せる！

C　頭に乗せられるよ！

C　腕を通すんじゃない？

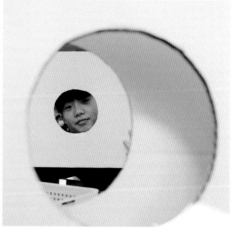

【「わからない」ことに潜む造形的な可能性は？】

出会い、十分に触れる時間をとった後、次のように発問します。

T　この穴のあいちゃったダンボール、棄てられちゃいそうになっていたんだ……。ちょっとかわいそうな紙なんだけど、みんなの図工の力で助けてあげてくれない？　どんなことができそうかなあ？

C　ほら、顔出せるからお面にできるよ！

T　なるほど〜。なんだか面白そうだね。

C　頭にもかぶれるよ。

T　紙を横に寝かせて使うんだね。

C　先生、まわりを切ってもいいの？　ブーメランになりそうだと思ったから。

T　みんな、丸のまわりを切ってもいいかな？

C　穴を生かしていればいいんじゃない!?

　最初の材料と身体全体で触れた体験によって、この材料に潜む造形的な可能性を少しずつ子どもたちは捉えていきます。そして、絵や立体、または工作という方向性をきめるためのアイデアのいくつかを語ってくれるでしょう。

　こうした導入の後、一人一人の表現活動の時間へ展開していきます。

【「わからない」から生まれる一人一人のストーリーに寄り添う】

　このように、子ども一人一人が、表し方などから自分できめる学びには、そのための時間が必要です。触れることを大切にし、子ども自身が決めていく学びは、どうしても個人によって差が生まれやすいからです。

　ここでの教師の大切な役割と構えとして、そうした一人一人の触れ方、決め方の特性を見極めながら、焦らずに対応していくことが大切になるでしょう。これがなかなか難しいものなのですが……。

お！　半分に折り始めたぞ！

いきなり黒！　きっと何かイメージを持ったんだね

そう来たか！　穴を埋めるようにして　　　　　穴の「中」の部分に何か始めるんだね！

　こうした中で「動き出せない子ども」がいることもあります。「わからない」に触れても、そこからの方向をきめられず戸惑っている子どもです。しかし、迷うことは、よく考え慎重に取り組もうとする姿勢の表れです。ですから、この姿を大切にして、あえて声をかけず見守って待つことも必要になるでしょう。

　この授業でも最初の1時間目で動き出せない子どもがいました。その時間の終わりに声をかけました。

T　どんな感じ？

C　うーん、なんにもできなかったよ……。

T　ゆっくりじっくりは素敵なことだから、このままのペースで来週も行こうよ。

　私は触れながら考え続けることを価値づけたいと思っています。このような時間が原因で、作品が完成に至らなかったとしても、決して無駄な学びではないはずだと考えています。

【仲間と「わからない」を共有して、自分を確かめる】

　図工では、立ち止まって今の自分を確かめたり、知ったりすることが大切です。特に学校という場において、仲間の考えや表現の工夫に「触れる」ことによって自分を確かめることは大切な授業づくりのポイントです。

　それを通して、自分を振り返ることで、失敗を修正する方法に気がついたり、よりよい方向を見出して考えを変更したりしていくことが促されます。

　その際、仲間と共有するための造形的な視点や基準が必要になるでしょう。

ここでは、穴のあいた紙を「どのように生かそうとしているか」を視点としました。

　視点といっても、どの子どもにも伝わるわかりやすい言葉や方法が大切になります。そこで、ここでは「紙を縦に使っているか、横に寝かせて使っているか」という材料の方向性をまずは意識する発問からはじめてみました。

T　あ、動き出してみたけど、みんなどんな感じでにこの紙を助けようとしてる？
C　お面みたいにしているよ！
T　なるほど、「紙を縦」に使って顔を出すんだね。他に縦に使っている人はいる？
C　穴をレンズにして「カメラ」をつくってみようとしているよ。
T　同じように紙を縦に使っているけれども、つくりたいものが違うね！
C　頭に乗せて帽子にしようと思ってます。
T　じゃあ、○○さんは「紙を横にする」ことで頭にかぶるんだね。じゃあ、他に横にして助けてくれようとしている人はいますか？
C　僕はこの穴に強めの紙を貼って太鼓にしてみようとしてるよ。
T　なるほど！　穴の部分になにか工夫をし始めているんだね！　穴の部分に何かをつくり始めている人は他にいるかな？

　「縦か、横か」を切り口にしながら、この材料の特徴である「穴」に視点を移していきました。

　この共有の時間の後、何人かの子どもがつくりかえはじめました。

　ある子どもは、それまで黒色や紫色を主に使って絵を描いていましたが、その上から白を塗り重ねて消してしまいました。

　その上から今度は茶色を塗り重ねていきます。

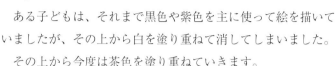

　そして、穴の周りに画用紙を付け加え、最終的には動物のようなお面を作っていきました。

　飛び出した口の部分を支えるために、帯状の紙で補強をしています。立体や工作に表すための既習の表し方などを生かしながら、自分の思いの実現に向かって、創造的な技能を発揮していました。

　ここで、私はなぜつくりかえたのかを率直に聞いてみました。

　するとこの子は少し考え込んで「なんとなく」と答えました。自分でつくり、つくりかえていこうとした理由や根拠を言葉にできることも大切なことでしょう。

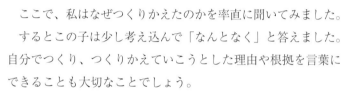

　しかし、図工の学びにおいては、時に言葉にできない子どもの気持ちや思い、感情などがその根拠になることも多いのではないでしょうか。こうした一人一人の言葉にならない理由にも、寄り添える教師でありたいな、と思うのですがなかなか難しいです。子どもの心や感性に「触れる」ためには、まずは子どもの行為や活動を見つめるしか方法はないのかもしれません。

　このような学習過程を経ながら、子どもたちは「わからないもの」に自分らしく向き合いながら深めていきました。

「穴のあいちゃった紙」という「わからない」から広がった多様な表現

　本題材は、材料に穴をあけておくという簡単な仕掛けによって、絵・立体・工作という表現方法や主題から子どもが自分できめていくことを願ったものでした。

結果として、この答えのない「わからない」状況から、多様な子どもの創造が広がっていきました。

　このような一人一人の多様性が生まれることこそ、「わからない」に触れる学びの豊かさであると言えるでしょう。

　少々大げさかもしれませんが、自分の人生を創造的にきめていくためには、自分が出会う「わからない」対象や「わからない」環境の状況に反応し、そこから可能性を見出していく力がとても大切です。こうした図工の学び、その子ども主体の学習過程はそうした力を培う大切なものと考えます。

第8章

友だちのよさに触れる

　図工の授業では、一人の時間の中で自分の思いやイメージを膨らませ、自分らしく表していくことはとても大切な経験です。

　そうした一人一人の思いが保証され、大切にされる授業文化があるからこそ、またクラスの仲間のよさや違いを感じることができるのだと思っています。

　お互いのよさを感じたり、刺激し合ったり、味わったりするためには何らかの視覚化が必要です。もちろん、表している作品の形や色、イメージなどは見えるものです。形や色、イメージでお互いがつくりだしているよさや美しさに触れ合える。ここが図工の素晴らしいところでしょう。

　それでも、友だちがその形や色、イメージに対してどのような感じを持ち、どのような思いや考えを込めているのかは、「言葉」によって表すことが必要な場合もあります。

　この章では、お互いの感じ方、気づき、思いや考えを交流する場面にスポットを当てます。

「ガリガリ化石発見!?～ネーミングする～」（低学年～中学年）　2時間

例えば、子どもが活動の中で偶然つくりだした形や色。これらは、これだけで価値のあるものです。

うおーー！！

しかし、子どもは、時に勝手に名前をつけたりします。子どもなりの「意味」をそこに見出してつくりだしているのです。これがとても面白い。この「ネーミング」という言語化を授業に取り入れると、その子の感じたことや、考えたことを視覚化できます。

うおーー！！

例えば、土粘土が固まってしまったものを鉄ヤスリでガリガリとまず削ります。材料に「触れる」遊びですね。

子どもは、削る抵抗感を楽しんだり、粉になっていく質的な変化を味わったりします。

削る活動を十分に楽しんだ後、教師からこんな言葉をかけてみます。

T　みんなが削った粘土の中に、もしかしたら「化石」があるかもしれないんだけど……。

C　えー?!　本当?!

C　これか～？

C　あったー！　恐竜の歯の化石だ!!

T　おー！　確かに！　本物かどうかわからないけど……（とぼけましょう）。

じゃあ、この空いている机の上を化石保管場所にしようよ。このカードに見つけた化石の名前を書いておいてください。

　子どもの想像力に火がつきます。ここから、いろいろな化石（に見えるもの）が発見されていきます。ここで大切なのは「化石保管場所」です。お互いが何を発見（見立て）したのか「ネーミング」の言葉で伝わります。ここで刺激を受け、子どもの「形」への意識がどんどんと高まっていきます。

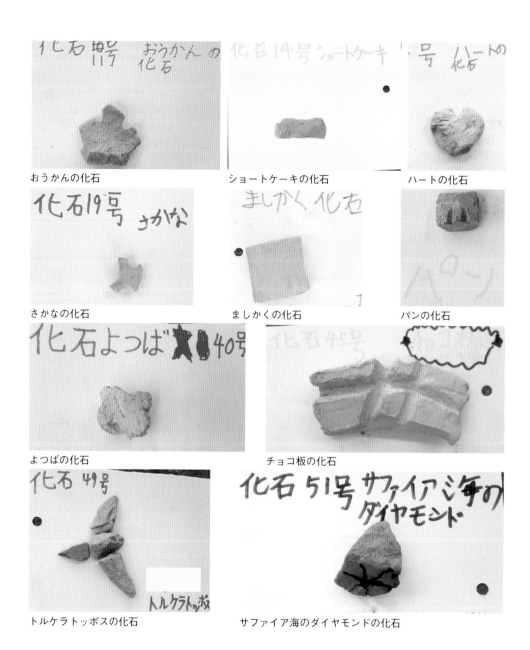

おうかんの化石

ショートケーキの化石

ハートの化石

さかなの化石

ましかくの化石

パンの化石

よつばの化石

チョコ板の化石

トルケラトッポスの化石

サファイア海のダイヤモンドの化石

　図工では、常に、楽しみながら言語化することを目指したいものです。ネーミングはその一つの手立てになると思います。

先生見てみて！　こんなに見つけたよ！

「ゴミガエラセル・プロジェクト ~お店をひらく~」 （高学年）　6時間~8時間

　お互いのよさに「触れる」ためには、発表したり展示したりすることは有効な手段でしょう。しかし、小学校の子どもたちには、発表しよう、展示しようというよりも「お店屋さんをひらこう！」といった言い方がフィットすると思います。もしくは「○○屋さんになろう」。つまりごっこ遊びを通して、言葉を自然に取り込みながら発表や展示をするのです。低学年はもちろんのこと、高学年でも、遊びを通して友だちのよさに触れることは効果的です。

【ゴミのリサイクルショップ】

　不要になったものからその特徴を生かして何かを創り出す「ゴミガエラセル・プロジェクト」という高学年の題材です。

　学習に入る前の準備として、不要になったものを各家庭や、近隣の工場などから集めるのですが、これらは渾然一体となって集まってきます。この整理は手強いです。

　逆に、こうした混沌から、子ども自身が形や色、手触りなどを視点にして「触れ」、特徴を捉えていく機会としてはどうでしょうか。

　そこで私は、まず「ゴミショップ」を開こうと投げかけることにしたのです。ここでは、材料の形や色、手触りなどのお互いの気づきに触れることがねらいです。ポイントは気づいたことの言語化をいかに自然な形で楽しくできるか、です。

T　こんなにいろいろな不要なモノが集まったよ！　みんなでゴミショップをオープンさせようよ！

　この「ゴミショップ」提案は、子どものワクワク感を高めるだけではなく、対象を「商品」として見立てる提案でもあります。ショップを開くことで、「商品を整理する」という意識が子どもの中に働きます。

　ここから材料の種類や形、色、手触りなどを視点にした「分類」が始まります。

　まず箱から様々なモノが出てくることを楽しみだした子どもたち。宝探し大会の様相です。布や革などを体に巻

「ここにゴミショップをつくろう！」

きつけたり、網目状の紙を顔に巻いたりするなど、身体全体で材料とかかわっていきます。

こうした触覚や身体全体で対象を捉えようと感覚的に動きだす姿はまさに材料に「触れる」大切な時間です。

そこから、いよいよ子どもたちは徐々にショップづくりに移っていきます。

場の設定は左写真のような折りたたみコンテナを並べました。ここをオープン前のショップに見立てます。

そして、「分類」での気づきを楽しく言語化し、みんなで共有したくなるような仕掛けが必要です。そこで用意したものが「POPカード」です。そう、よく店舗などで見かける「おすすめの商品」「店長一押し！」「セール品」などと書かれたカードのことです。

「ショップ」として、よりリアルに演出していくことで子どもの「もっとやりたい！」を引き出せると考えました。ここに分類の視点とした材料の特徴を子どもが書き、コンテナに貼っていくことで、お互いの気づきを共有します。

「トゲトゲ」「ザラザラ」「キラキラ」とい
った、手触りや質感に基づいた分類も出てき
ました。
　また、友だちが書いたPOPカードに、別の
POPカードで補足的なコメントを付け加えて
いく姿も見られます。ショップを充実させて
いくように楽しみながらお互いの造形的な気
づきを共有することができます。

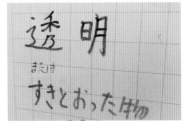

「形や色で、友だちと響き合う！〜線でウォーク！〜」（中学年）　4時間

　言葉でお互いの気づきや感じ方、考え方に触れる実践を二つ紹介しました。しかししかし！　やはり図工は形や色、イメージでやりとりし、友だちとのよさに触れさせたいものです。最後に、グループで線で響き合いながらイメージへとつなげていく「線でウォーク！」という実践をご紹介します。

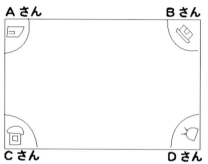

「まず、すみっこに自分の家を描こう！」

　これは、お絵描きゲームのように、仲間と「線」でコミュニケーションしながら、イメージを広げていく学習です。

　4〜6人で大きな紙（全紙ほど）を使います。

【自分の家を描こう！】

　まず、四つの角や辺の部分に、子どもそれぞれの「家」を描くことからスタートします。

【歩いて友だちの家にでかけよう！】

　そして次のような発問で活動を展開していきます。

Ｔ　まずは、友達の家に「歩いて」遊びに行こう。「歩いている感じの線」ってどんな線？
　　どう表すかな？　誰か黒板に描いてみてくれない？

C こんなふうにゆっくり描くかな。

C くねくねした線だと思う。

T では、グループで描いてみようね！ルールは一人ずつ描くこと。そのとき、まわりのお友だちは、どんなふうに線を描くか見てあげます。自分の家を出発して、友だちの家まで歩いた感じの線で向かいます。友だちの家にたどり着きそうになったら、その家の人が今度は別の友だちの家に向けて歩いている感じの線でスタートします。レッツ！ 線でウォーク！

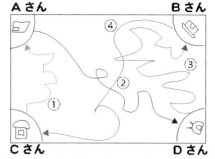

「じゃあ、まずは歩いて友だちの家にでかけよう！」

C 家が留守で会えないってことだ！

（順番に歩く感じの線で自分の家から友だちの家まで描く）

【電波を飛ばして、連絡をとり合おう！】

T みんな家が留守だったね〜。じゃあ、次は電話でみんなの居場所を確認し合おう！まず自分の居場所に丸印を描いて「ここだよ！」と宣言するよ！ そこへお互い電波の線を飛ばそう！

これも、一人一人描いていくよ。他の人は見るんだね。電波を受け取った人が次に別の人にまた電波を飛ばして電話します。

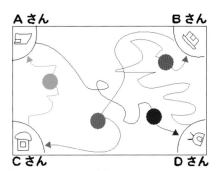

「自分の居場所にまず丸印をして……
　　　そこへお互いに電波の線を飛ばそう！」

C　電波って、やっぱりギザギザした線だよ
　ね！　もしもーし！
C　僕は点々で描くよ！
C　電波難しい……。
みんな　いい感じいい感じ！

【遊び場をきめて集まろうよ！　じゃあ、みんなの街にしていこうよ！】

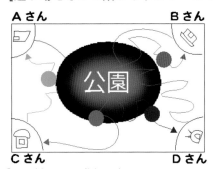

　さあ、最後は遊び場所をみんなできめて、自分の居場所から集合です！

　歩く線？　走る線？　スキップの線？　電車の線？　自転車の線？　君はどんな線で集まるかな？

　集まったあとは？　喉が渇いたね！　コンビニエンスストアがほしいね。あとは？　駅も必要だね。だんだん街みたいになっていくぞ。

　私の線、友だちの線が重なって、新しいイメージを創り出していきます。そのイメージをもとに、お互いのよさに触れながら想像力が重なっていくのです。

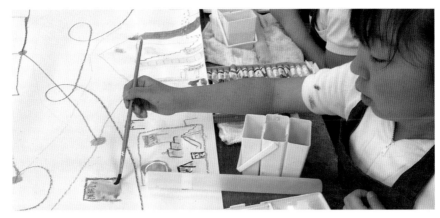

第9章

「触れる」図工における
「つくり、つくりかえ、つくる」
という授業の事実と
子どもの具体的変化を捉える

ここまで「触れる」をキーワードに図工の授業を語ってきました。では、図工の中で様々なものに触れる子どもたちをどのように捉えていけばよいのでしょうか。

最後の章として、こうした図工の見取りについて、私なりの考えを述べて終わりたいと思います。図工という授業の事実に寄り添う私たち教師のスタンスは様々だと思いますが、その一例としてお読みいただければ幸いです。

キーワードは「つくり、つくりかえ、つくる」です。これは、学習指導要領（平成29年告示）解説図画工作編の中にもある図工の本質をつく言葉だと思います。

　卒業も近い図工の時間。自分の家で使えるものをつくる木工作の授業でのことです。

　もう、それぞれが完成も見えかかってきていた終盤で、ある男の子が、つくっていた「調味料棚」の横板をノコギリで切り落とし始めました。私は、さすがに驚いて声をかけました。

T　この終盤に切ったね〜、どうした？
C　引き出しの部分がやっぱりうまくいかなくて〜。
と満面の笑顔が返ってきました。
「調味料入れ（というゴール）は変えないけど、つくるハードルを下げないとダメだなあと思って」

　この終盤に来て壊し、そして前向きに変えてくなんて！　なんと逞しいことでしょうか。子どものパワーってすごいです。木の加工は決して楽なものではありません。それを恐れずに、自ら判断し、調整し、新しい方向へ舵を切れる勇気、大胆さ、粘り強さ、そして清々しさ。

　目に見える完成も大切だけれど、よりよいものを目指して試行錯誤することそのものが大切なのだとあらためて教えられました。

　もちろん、こうした「粘り強く取り組む姿勢」や「何度も調整し学びを更新していこうとする態度」は図工だけで育つものではありません。学級、他教科等、学校全体の活動によって育まれるものだと思います。

　それでも図工は、形や色、イメージなどに触れることを通して、子ども自身の「こうしたい！」を軸にしたトライアンドエラーを学びにできます。この教科の特性は、「粘り強く取り組む姿勢」や「何度も調整し学びを更新していこうとする態度」の育成に大きく貢献できるのです。

　そして、その学びに向かう具体的な姿の現れが「つくり、つくりかえ、つくる」です。

　この姿を、子どもを見とる一つの視点としてみると、図工の学びを捉えやすくなるかもしれません。

2　「つくり、つくりかえ、つくる」の様相

（1）　立ち止まって、じっと見つめる

　まず、「つくり、つくりかえ、つくる」姿を図工における学びに向かう子どもの姿としたとき、特に「自ら学習を調整しようとする」姿の具体がとても大切になります。

　それは例えば、自分が表しているものを「立ち止まってじっと見つめる」といった姿です。形や色、活動などを次にどうするのか、その方向を決めようと見極めている姿と捉えることができます。こうした姿を大切に見とります。

表しているものをじっと見る　　**つくりかえる**

（2）「つくり、つくりかえ、つくる」様相のバリエーション

「つくり、つくりかえ、つくる」と一言で言っても、いくつかの様相があります。

---

① すべて壊したり消したりしてつくりかえる。（再生）

② 一部を壊したり消したりしてつくりかえる。（更新、修正）

③ 何度も、または何個も試しながらつくり、つくりかえる（反復）

④ 表しているものから新たに思いを広げてつくり、つくりかえる。（拡張〈内発的〉）

⑤ 条件の変化や友だちと合わせたりつないだりしてつくり、つくりかえる。

（拡張〈外発的〉）

⑥ 別々に表したものを組み合わせつくり、つくりかえる。（再構成）

　このような①〜⑥までの「つくり、つくりかえ、つくる」様相は、常に個別に現れるものとは限りませんし、これらの姿を引き出す授業づくりの絶対の正解があるわけではないと思います。

　それでも、これまでの「触れる」図工の中でも述べてきましたように、学習内容の特性を意識することや、授業構成、場や材料の設定など手立ての工夫によって、その姿に迫ることができます。授業の事実を交えて考えてみましょう。

（1）「造形遊びをする活動」が「つくり、つくりかえ、つくる」力を育てる

木端材を材料とした「つみきラ・ラ・ランド」

例えば、様相①と②の「つくり、つくりかえ、つくる」姿を最も顕著に引き出し、その資質・能力を滋養する学習内容として「A表現 ア造形遊びをする活動」があげられます。

「造形遊びをする活動」は、遊びのもつ能動的で創造的な性格を学習として取り入れた、材料や場、環境などに触れることをもとにした創造的な造形活動です。作品にすることが絶対の目的ではなく「活動そのものをつくっていくこと」が目的となります。

だからこそ、子どもは「触れる、つくる、壊す、また触れる、そしてつくりかえ、またつくる」という、創造のプロセスを自ら循環させていくことができます。つまり、触れて感じる、働きかける、夢中になる、限られたリソースから可能性を見出す、自己決定する、調整してやり直そうとするなどの具体的な姿の変化が連続していくのです。

「造形遊びをする活動の、学びの価値がわからないのです」

多くの先生方からこのような言葉が聞かれます。本書にあるように、まずは材料を広げて、子どもたちに触れさせてあげてください。そして「これでどんなことができるかな？」と投げかけ、活動を委ねてみてください。活動そのものを創造する「つくり、つくりかえ、つくる」という学びに向かう子どもの姿が現れてくるはずです。

その際「積む、並べる」などの材料の特性に合わせた行為や、場の条件を子どもと共有し、めあてとしてつかませることが大切になります。

（2）何度でも、何個でも繰り返しつくり試すために「小さく」する

「つくり、つくりかえ、つくる」様相の③、何度も、または何個も試す子どもの姿を引き出す手立てとして、例えば「小さくする」があります。

高学年の学習内容に「彫り進めによる一版多色木版画」があります。通常は、1枚のシナベニヤ板などを主な材料として、下絵を考え、彫刻刀で彫り進めながら、色を変えて重ねていくことで多色表現を試みていきます。インクの重なりによって生まれる色味や、版の擦れた感じなど、木版画の美しさを味わうことのできる学習です。しかし、この工程や手順がなかなか複雑であり、どの子どもでも楽しめる、ということがなかなか難しいのです。しかも木版1枚で進めていくとやり直しができません。もっと「多色版画のよさや美しさ」を、ダイレクトに感じ味わいながら「つくり、つくりかえ、つくる」という姿を引き出したいと考えました。

　そこで版のサイズを小さくして、何度でも彫ったり、刷ったりできるようにしてみるのです。

　さらに、材料を木材からスチレン材に変えます。これは加工が容易であり、版をつくる時間を短くできるため、繰り返し版をつくり、刷り重ねていくという活動が可能になるのです。

　このスチレン材を用いた版表現の学習は、低学年〜中学年での既習題材であり経験もあるので、子どもにとっては取り組みやすいのです。

　このように、どの子どもからも「つくり、つくりかえ、つくる」という姿を引き出してあげるためには、思考や活動への抵抗感を減らしてあげることも大切になります。

（3）　活動の途中において材料や場などの条件を加える

　活動などが始まり、ある程度展開して、一人一人が最初に持った思いやイメージを実現すると、その後に停滞する子どもが出てくることがあります。

　そのようなときを想定しておくことも、すべての子どもが「つくり、つくりかえ、つくる」姿へと向かうためには必要でしょう。

　例えば、「材料や条件を追加したり変更したりする」などもその一つの手立てとなることがあります。これは先の様相の⑤、外的な要因から新たに思いを広げ、つくりかえ、つくる姿を引き出すという手立ての一つです。

　先の、木端材の造形遊びをする活動「つみきラ・ラ・ランド」では、机にあらかじめ白い模造紙を敷いておきました。これは、子どもの自然な思いや活動の展開の可能性を広げるための外的な要因として設定しました。

　この仕掛けによって、はじめは木端材を積んだり並べたりして活動を展開させていた子どもから声があがりました。

C　先生！　この下の紙に絵を描きたい！

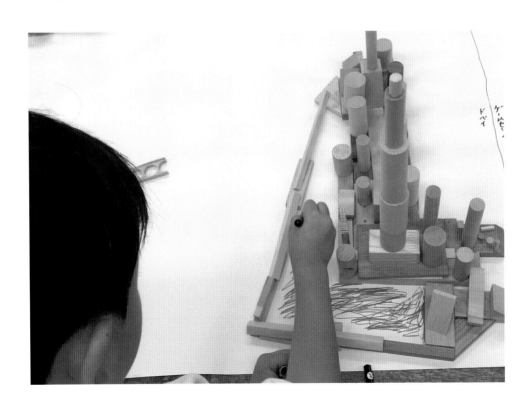

T　えっ？　これまでの木の活動とは別の絵なの？
C　違う違う。木で建物をつくってるから、道とか池とかを描きたいんだ。
T　なるほど、木でつくっていることのイメージをもっと広げたくなったんだね！

　写真の子どもはつくっていた建物から、さらに自分のイメージを広げ水のある場所へとつくりかえ、新たな世界をつくっていきました。「白い紙」という場が持つ造形的な可能性を子どもがキャッチし、つくりかえ、つくる姿へと向かっていったのです。

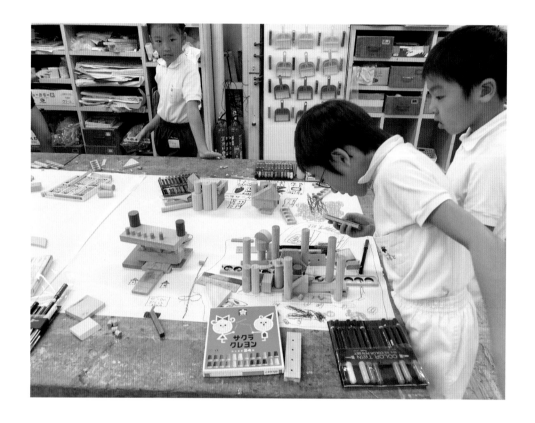

あっ!!
ねえねえ、
いいこと思いついたよ！

学習指導案

第1章 (P.4～8)

1 題材名 「秋のおべんとうばこ」（造形遊び→絵に表す）

2 学年 低学年

3 時間 2時間～4時間

4 目標

・葉や木の実などを集めたり分けたりする行為を通して形や色、触った感じに気づくとともに、その感じを基におべんとうの具材に見立てて、並べたり重ねたりするなど表し方を考えて楽しみながら表すことができる。

5 評価の観点

〈知識・技能〉

・葉や木の実などを集めたり分けたりする行為を通して形や色、触った感じに気づいている。

〈思考・判断・表現〉

・葉や木の実などの形や色、触った感じを基に、おべんとうの具材に見立てて自分のイメージを持ちながら、並べたりするなど表し方を工夫して表している。

〈主体的に学習に取り組む態度〉

・つくりだす喜びを味わい楽しく落ち葉や木の実をお弁当の具材に見立てて表す学習活動に取り組もうとしている。

6 学習計画

一次　落ち葉や木の実を集める。（1時間～2時間）

二次　集めてきた落ち葉や木の実を仲間分けする。（0.5時間）

三次　落ち葉や木の実をお弁当の具材に見立てて秋のお弁当を表す。（1時間）

7 材料・用具

・画用紙、カラーペン、デジタルカメラ

8 おおよその展開と留意点

学習活動	指導の主なポイント
○落ち葉や木の実を拾いに出かける。 ○教室に戻り集めたものを広げて仲間分けをする。 ○友だちと見せあいっこをする。	■安全に配慮する。 ■落ち葉などの形や色、手触りなどへの気づきを促す言葉かけをしていく。 ■「仲間分け」が子どもから自然に起こる場合が多い。教師からの提案のタイミングを見極めたい。
○集めた落ち葉や木の実などの特徴を生かして具材をイメージし、画用紙の上に「秋の（春の、夏の、冬の）お弁当」をつくる。	■材料の形や色などの特徴から何をイメージしているかを大切にする。

第2章 (P.12〜16)

1 **題材名** 「色と光のわっか」（工作に表す）

2 **学年** 低学年〜中学年

3 **時間** 3時間〜4時間

4 **目標**

・輪っか状にした色紙を組み合わせる活動を通して、光や色の感じやよさに気づく（わかる）とともに、色の組み合わせや並べ方、トレーシングペーパーとの組み合わせ方など表し方を工夫して、色と光のよさを自分らしく試していくことを楽しんでつくることができる。

5 **評価の観点**

〈知識・技能〉

・輪っか状にした色紙を組み合わせる活動を通して、光や色の感じやよさに気づいている。

〈思考・判断・表現〉

・色の組み合わせや並べ方、トレーシングペーパーと組み合わせた時の光の感じなどから表し方を考え自分らしく表そうとしている。

〈主体的に学習に取り組む態度〉

・光のよさを自分らしく感じ味わいながら、フィルターをつくる学習活動に主体的に取り組もうとしている。

6 **学習計画**

一次　おりがみの色の仲間分け遊びをする。(0.5時間)

二次　おりがみを切って丸め、画用紙の輪の中（外）に組み合わせてつくる。（2〜3時間）

三次　窓に貼るなどして仲間とともに光と色のよさや美しさを味わう。(0.5時間)

7 **材料・用具**

・おりがみ、ホチキス、画用紙を縦長に切ったもの、トレーシングペーパー

8 **おおよその展開と留意点**

学習活動	指導の主なポイント
○おりがみの色の仲間分けをし、好きな色とそれに似合う色などを選ぶ。 ○手やはさみを使っておりがみを四等分の短冊に切る。	■子どもの色への気づきを大切にする。 ■発達段階や既習に応じて、「手で切れるかな？」「カッターで切れるかな？」など、切ることをチャレンジ的な遊びのように押さえてもよい。
○おりがみを丸めて、画用紙の輪の中（や外）に色の組み合わせ方や光の感じを捉えながら考えてつくる。 ○窓に貼るなどして仲間とともに光と色のよさや美しさを味わう。	■一緒に色や光を楽しむようなかかわり方を大切にしたい。 ■実態に応じて教室や学校を光で飾る、という目的を持たせ活動してもよい。

第2章 (P.17〜21)

1　題材名　「ミラクルレンズ」（工作に表す⇄絵〔写真〕に表す）

2　学年　高学年

3　時間　4時間〜6時間

4　目標

・透過性や反射性のある材料による光の感じを理解し、その組み合わせ方を工夫してレンズフィルターをつくり、周囲の環境や光の見え方の変化を考えながら主体的に試しお気に入りの風景写真を撮ることができる。

5　評価の観点

〈知識・技能〉

・透過性や反射性のある材料による光の感じを理解し、その組み合わせ方を工夫している。

〈思考・判断・表現〉

・身の回りの風景や光を自分なりに美しく変化させるレンズフィルターを考えてつくり、周囲の環境や光の見え方の変化を試してお気に入りの風景写真を撮っている。

〈主体的に学習に取り組む態度〉

・光の変化をつくりだすレンズフィルターをつくり撮影する学習活動に主体的に取り組もうとしている。

6　学習計画

一次　材料に触れる。（0.5時間）

二次　試しの撮影なども行いながらレンズフィルターをつくる。（3〜5時間）

三次　作品のタイトルを考え展示し、お互いの作品のよさを味わう。（0.5時間）

7　材料・用具

・底をくり抜いた紙コップ、小さく切った色セロファン、ミラーペーパー、透過性、反射性のある身辺材等、セロファンテープ、ホチキス、のり

8　おおよその展開と留意点

学習活動	指導の主なポイント
○色セロファンなどの材料と出会う。 ○材料を組み合わせ、風景の写る感じや光の感じを変えるフィルターをつくる。	■材料の特徴への気づきを促す。 ■主材料の紙コップは大中小といくつか大きさを用意し、子どもの多様な試行錯誤を引き出したい。
○試し撮りをしてみんなと共有する。 ○試し撮りをもとに、自分としてよりよい風景や光の感じを目指してつくる。 ○お気に入りの1枚に題名をつける。	■一緒に色や光を楽しむようなかかわり方を大切にしたい。 ■1枚だけ選ぶ活動によって自分の納得や美意識に向き合えるようにしたい。
○展示し、お互いのよさや美しさを味わう。	

1 題材名 「灯で遊ぶ」（造形遊び）

2 学年 中学年〜高学年

3 時間 2時間

4 目標

・複数の小さな灯（プッシュライト）が空間にもたらす感じを理解し、灯の数や配置、透過性素材との組み合わせ方を考えて自分たちにとって心地よい感じを試しながら工夫して表すことができる。

5 評価の観点

〈知識・技能〉

・小さな光がつくりだす空間の変化や透過性・反射性のある材料による光の感じを理解し、その組み合わせ方を工夫している。

〈思考・判断・表現〉

・灯の数や配置、透過性素材との組み合わせ方を考えて自分たちにとって心地よい感じを試しつくろうとしている。

〈主体的に学習に取り組む態度〉

・プッシュライトによって空間を変化させる学習活動に主体的に取り組もうとしている。

6 学習計画

一次　灯（プッシュライト）と出会う。（0.2時間）

二次　プッシュライトや他の材料を組み合わせ教室などの空間を変化させつくりかえる。（1.5時間）

三次　自分たちでつくった灯の空間のよさや美しさを味わう。（0.2時間）

7 材料・用具

・プッシュライト（一人数個あるとよい）、透過性のある紙や布、ビニール

8 おおよその展開と留意点

学習活動	指導の主なポイント
○灯に出会う。	■灯のよさや美しさを子どもが体感できるような工夫をしたい。
○プッシュライトの置き方や並べ方を考えて、仲間と協働しながら教室をつくりかえる。また、他の材料を使うなど、活動を自分たちで展開する。	■子どもたちの「こうしたい」という思いや願いから生まれる活動そのものの創造性を大切にかかわりたい。
○自分たちの灯した灯によって変化した教室のよさや美しさを味わう。	■結果ではなく活動を創り出したことを評価する視点を大切にしたい。

第3章 (P.27〜28)

1 題材名　つな木ぐんぐんぐん（立体に表す）

2 学年　中学年〜高学年

3 時間　5時間〜6時間

4 目標

・切ったり、削ったり、磨いたりして木の特徴を捉えながら、木工作にかかわる用具を正しく使い、形の面白さを考えながら、組み合わせ方やつなぎ方などを工夫して立体に表すことができる。

5 評価の観点

〈知識・技能〉

・切ったり、削ったり、磨いたりして木の特徴を捉えながら、木工作にかかわる用具を安全に正しく使い工夫しようとしている。

〈思考・判断・表現〉

・切ったり削ったりした木の形などの感じから、組み合わせ方やつなぎ方を試し、形の面白さを考えながら試し表そうとしている。

〈主体的に学習に取り組む態度〉

・木を削ったり、切ったり、組み合わせる学習活動に主体的に取り組もうとしている。

6 学習計画

一次　木を削ったり、磨いたり、切ったりする活動をする。（2時間）

二次　つなぐことを楽しみながら立体に表す。（2.5〜3.5時間）

三次　お互いの作品を味わい振り返る。（0.5時間）

7 材料・用具

・たる木（2cm×3cm、長さ1人20cm）、竹ひご（5cm程度に切っておく）ベニヤ板（土台用、10cm×7cm程度）、鉄やすり、紙やすりのこぎり、キリ、かなづち、Cクランプ

8 おおよその展開と留意点

学習活動	指導の主なポイント
○木材を削る、切る、磨く。 ○キリで穴をあけ、竹ひごでつなぐ方法をつかむ。 ○つないだ木の感じから、自分らしく思いやイメージを広げ試しながら表す。 ○全体の形やつなぎ方、組み合わせ方などを視点に味わい振り返る。	■削る、切る、磨くという一連の活動を通して、木の手触りの変化に気づけるような言葉かけを大切にしたい。 ■どの子どもでも自分の力で活動を展開できるようにするために、「作品をつくりましょう」「〜な形をつくりましょう」ではなく、「つなぐことを楽しんでみよう」という投げかけから始めたい。

第3章 (P.29〜31)

1 **題材名** 「ひんやり・とろとろ・えのグー！」（造形遊び→絵に表す）

2 **学年** 低学年

3 **時間** 4時間〜6時間

4 **目標**

・液体粘土に対して手や指を中心に体全体を使ってかかわり、その質感や色の変化などに気づき、面白さや美しさを自分らしく追求するとともに、固まった液体粘土の形や色、質感の特徴から自分のイメージを持ち絵に表すことができる。

5 **評価の観点**

〈知識・技能〉

・液体粘土に対して手や指を中心に体全体を使ってかかわり、その質感や色の変化などを捉えながら、自分なりのよさや美しさになるよう工夫しようとしている。

〈思考・判断・表現〉

・固まった液体粘土の形や色、質感の特徴から自分のイメージを持ち、表し方を考えながら絵に表そうとしている。

〈主体的に学習に取り組む態度〉

・液体粘土を使った造形遊びの学習活動に主体的に取り組もうとしている。

6 **学習計画**

一次　ひんやり・とろとろ絵の具に触れ、色や砂を混ぜるなど試し表す。（1時間）

二次　固まった液体粘土の感じからイメージを広げて絵に表す。（3.5時間）

三次　お互いの作品のよさや美しさを味わい振り返る。（0.5時間）

7 **材料・用具**

・液体粘土（冷蔵）、ボール紙を枠状にしたもの、共用絵の具、プリンカップ、砂、プラスティックフォーク等

8 **おおよその展開と留意点**

学習活動	指導の主なポイント
○液体粘土に出会う。	■触覚に訴えかけるような手渡し方を工夫したい。
○指や手全体を使って液体粘土の感触を味わい、形や質感の変化を試す。また、絵の具や砂を混ぜるなどして色や質感の変化を試す。	■子ども一人一人の手や指の動き方、試し方を捉えるよう心がけたい。
○固まった前時での液体粘土の色や偶然の模様などからイメージを持ち、パスや共同絵の具などを用いて、絵に表す。	■液体粘土の質の変化を試したり、見つめ確かめたりする姿を捉え言葉かけをしたい。
○お互いの作品のよさや美しさを味わう。	■イメージをなかなか持てない子どもには、画面の向きを変えたり、画面の中で気になる色や形はどれかなどを聞くことから対話をしたりするなどして支援したい。

1 　題材名　「むにゅっち」（工作に表す）

2 　学年　低学年

3 　時間　2時間

4 　目標

・紙を袋状にして人形をつくる活動を通して手触りの感じに気づき、はさみやホチキスを使いながら、シュレッダー屑、綿や毛糸などの組み合わせ方を工夫して、よりよい手触りの人形にしようと主体的に試しながらつくることができる。

5 　評価の観点

〈知識・技能〉

・紙や綿などの手触りの感じを捉えながら、はさみやホチキスなどを使って工夫しようとしている。

〈思考・判断・表現〉

・自分にとって、よりよい手触りの人形をつくるために、材料の組み合わせ方を考え表そうとしている。

〈主体的に学習に取り組む態度〉

・手触りのよい人形を試しつくる学習活動に主体的に取り組もうとしている。

6 　学習計画

一次　コピー用紙とシュレッダー屑などで手触りのよい人形をつくる。（0.8時間）

二次　お花紙や綿などの材料も組み合わせ、よりよい手触りの人形をつくる。（1時間）

三次　みんなで触りあってよさを味わう。（0.2時間）

7 　材料・用具

・コピー用紙（A6〜A5）、シュレッダー屑、綿、毛糸、お花紙、はさみ、ホチキス

8 　おおよその展開例と留意点

学習活動	指導の主なポイント
○教師がつくった人形（むにゅっち）に触れ手触りを味わうとともに、今日の活動のイメージを持つ。 ○コピー用紙とシュレッダー屑でつくる。	■「うわ！　気持ちいい！」「ふわふわ！」など手触りへの子どもの気づきを大切にしたい。 ■特にホチキスの怪我に気をつける。必要に応じて安全指導を行う。またホチキスの針の抜き方も子どもの要望に応じて全体指導する。
○お花紙、綿などの材料も組み合わせながら、よりよい手触りになるよう試しながらつくる。	■手触りを視点にしながら、一人一人の表し方を価値付け評価したい。
○友だちとお互いの人形に触れ合って味わい振り返る。	■触れる、という鑑賞の活動を楽しみたい。

第4章 (P.37〜40)

1 題材名 「デコボコ探検隊」（鑑賞の活動）

2 学年 低学年

3 時間 2時間〜4時間

4 目標

・色鉛筆と紙で身の回りの物などを擦ることによってあらわれる模様の感じを捉え、普段は意識しない凸凹の面白さや美しさを味わうことができる。

5 評価の観点

〈知識・技能〉

・身の回りの凹凸の感じを捉え、それに合わせて擦り出し方を工夫しようとしている。

〈思考・判断・表現〉

・より面白い凸凹はどこかを考えながら探索しようとしている。

〈主体的に学習に取り組む態度〉

・身の回りの凸凹を探して擦り出す学習活動に主体的に取り組もうとしている。

6 学習計画

一次　教室や校内の凸凹を探索し擦り出して集める。（2時間）

二次　集めた凸凹の模様をカードにする。（1.5時間）

三次　友だちと「これはどこでしょう」クイズを出し合う。（0.5時間）

7 材料・用具

・色鉛筆、コピー用紙、カード大の画用紙

8 おおよその展開例と留意点

学習活動	指導の主なポイント
○教師が用意した「デコボコカード」を見て、教室のどこなのかを探す。 ○図工室や校内の凸凹を探し写し取る探検に出かける。 　・どこの凸凹か場所も書く。 　　例「掲示板」「すべり止め」 ○集めた凸凹の模様を切り取り、カードに貼る。裏に採取した場所を書く。 ○お互いに「これはどこのデコボコでしょう」クイズを出し合う。	■みんなでクイズを楽しみながら、活動の目的や見通しが持てるようにしたい。 ■どの子どもも探検を楽しめるように、色鉛筆を傾けて擦り出すとよいことなどを指導する。 ■まずは教室、そして校内へと活動範囲を広げる。その際、時間の指定などの条件も伝える。 ■「なんかシマシマ模様だね！」「つぶつぶが写ってるね」など写し取った凹凸の形の特徴を視点に、言葉かけや対話をすることを大切にしたい。

116

第4章 (P.40〜45)

1　**題材名**　「まちもじ探検隊！」（鑑賞の活動）

2　**学年**　高学年

3　**時間**　4時間

4　**目標**

・街の中の様々な「文字」の形や色などの特徴を捉え、比較したり分類したりして自分らしく味わうことができる。

5　**評価の観点**

〈知識・技能〉

・街の中の様々な「文字」の形や色などの特徴を捉えようとしている。

〈思考・判断・表現〉

・集めた「まち文字」の形や色などの特徴をもとに、比較したり分類したりして「まちもじ図鑑」に表そうとしている。

〈主体的に学習に取り組む態度〉

・まちの文字を集めたり、分類したりする学習活動に主体的に取り組もうとしている。

6　**学習計画**

一次　グループで身近なまちの中の文字をカメラで撮影し集める。（2時間）

二次　「まちもじ」を比較したり分類したりして図鑑をつくる。（1.5時間）

三次　「まちもじ図鑑」を見合い、そのよさや面白さを味わい振り返る。（0.5時間）

7　**材料・用具**

・デジタルカメラやタブレット、図鑑に使う画用紙等

8　**おおよその展開例と留意点**

学習活動	指導の主なポイント
○いろいろなまちの中の文字をみて味わう。	■あらかじめ撮影しておいたまちの中の看板などを紹介する。このとき「丸っこい文字」「ななめ文字」「○○にみえる文字」など形や色、イメージに基づいて紹介する。これが後の仲間分けの視点のヒントになる。
○まちに出て文字を撮影する。 ・安全やマナーに十分気をつける。 ・グループで探す。 ・交代で撮影する。	■安全に留意する。全体で移動→ある範囲で探索し撮影→全体で移動、を繰り返すなど活動方法を工夫したい。
○印刷したまちもじについて、仲間分けをする。 ○仲間分けをもとに図鑑をつくる。 ○お互いの図鑑を見合い、味わい振り返る。	■導入での視点を確認しながら、子どもが見つける分類の視点を大切にしたい。

1　題材名　「なににみえるかな？」（鑑賞の活動）

2　学年　低学年

3　時間　2時間〜3時間

4　目標

・ちぎった紙の形の感じを捉え、それをもとに何に見えるか見立てて考え「なににみえるかなカード」をつくり、友だちと当て合うことで多様な見方を味わうことができる。

5　評価の観点

〈知識・技能〉

・手でちぎった紙の形の感じを捉えようとしている。

〈思考・判断・表現〉

・手でちぎった紙の形の感じをもとに「何に見えるか」自分なりの見立てを考えカードをつくっている。また、友だちと当て合うゲーム的な活動を通して多様な見方を感じ味わっている。

〈主体的に学習に取り組む態度〉

・ちぎった紙を見立てる学習活動に主体的に取り組もうとしている。

6　学習計画

一次　黒い色画用紙を手でちぎる。（0.5時間）

二次　ちぎった紙を見立てて「なににみえるかなカード」をつくる。（1.5時間）

三次　カードを見せ合い当てっこする。（1時間）

7　材料・用具

・黒い画用紙、カード大の白い画用紙

8　おおよその展開例と留意点

学習活動	指導の主なポイント
○黒い紙を手でちぎる。 ○ちぎった紙の中からまず1枚選ぶ。 ○その紙の形から見立てをする。 ○「なににみえるかなカード」をつくる。 　・カード大の画用紙に貼り裏に答えを書く。 　・ヒントを書いてもよい。 　・何枚もつくる。 ○友だちとカードを見せ合い、当てっこをする。	■「今日は紙をちぎっちゃおう！」子どもの遊び魂に火をつけたい。 ■まず、教師が1枚選び「この形、なんか気になるなあ〜何かに見えそうだなあ」と子どもたちに投げかけて展開する。 ■「先生！　これなーんだ！」と聞いてくるだろう。教師は答えながら、まわりの子どもにも聞いて遊びを広げていくとよい。 ■なかなか思いつかない子どもに対しては、紙を手にしながら向きを変えて見たり、裏返して見たりしてイメージにつなげられるようにしたい。

1　題材名　「アートカードでミルタツになろう！」（鑑賞の活動→絵や立体、工作に表す）

2　学年　高学年

3　時間　1時間〜2時間

4　目標

・美術作品が印刷されたカード（アートカード）を使い様々なゲームをすること通して、形や色などの造形的な視点で捉え、自分らしい創造的な見方や感じ方を持つとともに、友だちとの違いを通して多様な見方や感じ方を味わうことができる。

5　評価の観点

〈知識・技能〉

・言葉からイメージを連想したり、共通点を見つけたりする活動を通して、美術作品等の形や色、イメージの特徴を捉えようとしている。

〈思考・判断・表現〉

・美術作品等の形や色、イメージの特徴をもとに自分なりの見方で考え、新しい価値を見出そうとしている。

〈主体的に学習に取り組む態度〉

・アートカードを使った創造的な鑑賞の学習活動に主体的に取り組もうとしている。

6　学習計画

一次　アートカードの中から「自分が好きだ」と感じるものを選ぶ。（0.5時間）

二次　かるた遊び、共通点探しなどのアートカードゲームをする。（1.5時間）

三次　かるたの読札を自分でつくる、共通点探しを身の回りのイメージに広げるなど、創造的な活動へ展開する（1〜2時間）

7　材料・用具

・アートカード（20枚〜30枚ほど）、筆記用具等

8　おおよその展開例と留意点

学習活動	指導の主なポイント
○アートカードの中から「自分が好きだ」と思うものを選ぶ活動をする。 ○教師の読札の言葉からどのカードかを考え選び合う「かるた遊び」をする。 ○2枚ずつめくり、形や色、イメージについて共通点を見つける「神経衰弱あそび」をする。 ※かるたの読札を自分でつくる、共通点探しを身の回りのイメージに広げるなど、創造的な活動へ展開する。	■美術作品に触れるとき、「この作品が好き」という思いをまずは大切にしたい。 ■これらの活動のように言葉を使う活動は難しいと感じる子どももいる。「読札は、まず教師が問題を出して慣れる」「共通点とはどういうことなのかをディスプレイ等で確認してから始める」などの手立てをしたい。 ※鑑賞のゲームから創造的な表現活動へつなげたい。

1 題材名 「スライドおえかき」（絵に表す）

2 学年 低学年

3 時間 2時間

4 目標

・スライドする画面のよさや面白さを生かし、経験や想像したことをもとに自分らしくイメージを広げながら工夫して絵に表すことができる。

5 評価の観点

〈知識・技能〉

・スライドする画面の仕組みのよさや面白さを感じ、自分のイメージを工夫して表そうとしている。

〈思考・判断・表現〉

・経験したことを思い出したり、夢に見たことなどを想像したりして考え、自分らしくイメージを広げながら絵に表そうとしている。

〈主体的に学習に取り組む態度〉

・スライドする画面に絵を描いていく学習活動に主体的に取り組もうとしている。

6 学習計画

一次　横にスライドする画面に経験したことなどをもとに絵に表す。（1.5時間）

二次　友だちとスライドおえかきを見合う。（0.5時間）

7 材料・用具

・切り込みをいれた画用紙（台紙）、コピー用紙を長く短冊に切ったもの（画面）、カラーペン等

8 おおよその展開例と留意点

学習活動	指導の主なポイント
○教師の「夏休みの思い出」スライドおえかきを鑑賞し、活動のイメージを持つ。 ○スライドおえかきをする。 ・友だちとお話しながら。 ・様々な描画材を組み合わせて。 ・思いに合わせてコピー用紙をつなぐ。 ○友だちと見合う。 ・お互いにお話をしながら見せ合う。 ・友だちのよさや面白さを味わう。	■絵を上手に描くことではなく、描いた絵が動いていくことの面白さ、それをもとにお話をすることの楽しさを伝えたい。 ■活動を始めることに躊躇している子どもや、イメージがなかなか浮かばない子どもに寄り添い、経験したことを聞き出すなどしながら背中を押してあげたい。 ■教師もともに楽しみながら、一人一人がイメージをどのように紡いでいくのかを見とりたい。

1 題材名 「カタチキャラクターでおはなししよう！」（工作に表す→絵《アニメーション》に表す）

2 学年 低学年〜中学年

3 時間 4時間〜6時間

4 目標

・切った紙の形の特徴から考えて割りピンなどを用いて動くキャラクターをつくり、さらに自分と友だちがつくったキャラクターの特徴からイメージを広げ、動きを捉えながら簡単なアニメーションとして表すことができる。

5 評価の観点

〈知識・技能〉

・アニメーションの動きの感じを捉え、自分たちの思いに合わせて工夫し表そうとしている。

〈思考・判断・表現〉

・自分と友だちがつくったキャラクターの特徴からどのような動きやお話にするかを考え、簡単なアニメーションとして表そうとしている。

〈主体的に学習に取り組む態度〉

・つくったキャラクターをアニメーションで動かす学習活動に主体的に取り組もうとしている。

6 学習計画

一次 紙を切った形からキャラクターをつくる。（1〜2時間）

二次 つくったキャラクターを友だちと協働してアニメーションで動かす。（2〜4時間）

三次 上映会をひらいて作品を味わい合う。（1〜2時間）

7 材料・用具

・画用紙、割りピン、カラーペン、タブレット、タブレットを固定する器具

8 おおよその展開例と留意点

学習活動	指導の主なポイント
○「ギザギザ」「くねくね」といったオノマトペから考えて画用紙を切る。	■オノマトペをきっかけとしながら切ることをどの子どもも楽しめるようにしたい。いろいろな切り方があることを共有する。
○切った紙を割りピンでつないで自分のキャラクターをつくる。 ○つくったキャラクターをタブレットで撮影しアニメーションをつくる。	■機器の操作を全員でできるように配慮したり、お話づくりに全員のアイデアが生かされるよう全体とグループと指導を適宜行ったりしたい。
○上映会をひらいてお互いの作品を味わい合う。	■「動かす」ことができたことを認めたい。

第6章 (P.74〜76)

1 題材名 「飛べ 飛ぶんだ紙コプター」

2 学年 低学年〜中学年

3 時間 2時間

4 目標

・飛び方（動き）の面白さや美しさを感じ、紙コップの切り方などを工夫して、自分のお気に入りになるような空を飛ぶおもちゃを考えてつくり、その楽しさを味わうことができる。

5 評価の観点

〈知識・技能〉

・飛び方（動き）の面白さや美しさを感じ、自分の思いに合わせて紙コップの切り方などを工夫しようとしている。

〈思考・判断・表現〉

・自分のお気に入りになるよう羽の形状や仕組みを考えて、試しながらつくろうとしている。

〈主体的に学習に取り組む態度〉

・空を飛ぶおもちゃをつくる学習活動に主体的に取り組もうとしている。

6 学習計画

一次　紙コップで空飛ぶおもちゃをつくる。（1.5時間）

二次　つくった紙コプターに名前をつけるなどし、友だちと飛ばして遊びあう。（0.5時間）

7 材料・用具

・紙コップ、竹ひご、はさみ、接着剤、セロファンテープ、目打ち、身近な描画用具

8 おおよその展開例と留意点

学習活動	指導の主なポイント
○教師がつくった紙コプターが飛ぶ様子を見ながら活動の見通しを持つ。	■簡単なつくり方で試作したものを子どもの前で飛ばして見せることによって、ワクワク感を高めたい。また、飛び方について発問するなどして、子どもが「動き」を意識しながらつくることができるようにしたい。
○紙コップを使って紙コプターをつくる。 ○飛ばしてみる。 ○さらに色を塗ったり模様を描くなどしたりして、飛ばしたときの色の変化や美しさも追求する。 ○自分の紙コプターの飛び方をもとにネーミングする。	■まずは全員が飛ぶ楽しさを味わえるように竹ひごの接着などをサポートしたい。 ■途中、色や模様も追求していけるように言葉かけや全体への指導を行いたい。
○クラス全員で紙コプター飛ばし大会を行い、楽しさを感じ味わいながら振り返る。	■屋外で飛ばすなども考えたい。

1　題材名　「穴のあいちゃった紙を助けて！」（絵や立体、工作に表す）

2　学年　高学年

3　時間　5時間〜7時間

4　目標

・穴のあいた紙（ダンボール）の特徴を捉え、その特徴をもとに何を表すか考え、自分の思いやイメージを大切にし、絵や立体、工作などの表し方をきめて、既習の用具や方法なども活用して表すことができる。

5　評価の観点

〈知識・技能〉

・穴のあいた紙（ダンボール）の特徴を捉え、自分の考えや思いを実現するために既習の用具や方法などを活用しながら工夫して表そうとしている。

〈思考・判断・表現〉

・穴のあいた紙の特徴から、それを生かして何を表すか（つくるか）を考え、絵や立体、工作などの表し方をきめて、自分らしく表そうとしている。

〈主体的に学習に取り組む態度〉

・穴のあいた紙をもとに自分らしく表す学習活動に主体的に取り組もうとしている。

6　学習計画

一次　穴のあいた紙と出会い、その特徴を生かしてつくる。（4〜6時間）

二次　お互いの作品を見合い、同じ条件からどのような表現が創り出されたかを味わい振り返る。

(0.5時間)

7　材料・用具

・穴をあけたダンボール板、ダンボールカッター等、共同絵具等、その他身辺材

8　おおよその展開例と留意点

学習活動	指導の主なポイント
○穴のあいちゃった紙と出会い、その特徴をもとに自分らしく考えてつくる。 ○クラス全体でどのような考えが出ているかを共有し、ここまでの自分を振り返る。	■事前に机の上に置いておくなど出会いの状況を工夫したい。 ■子どもの「まかせとけ！」魂に火をつけるべく「この穴のあいちゃった紙、助けてあげてほしいんだけど〜」とお願いモードの発問からはじめたい。
○さらに自分なりのゴールを追求し、つくり、つくりかえ、つくる。	■一人一人の決め方、つまり絵や立体、工作という表し方や目標に合わせ寄り添うかかわり方でゴールまでサポートしたい。
○お互いの作品を見合い、同じ条件からどのような表現が創り出されたかを味わい振り返る。	

1　題材名　「ガリガリ化石発見!?～ネーミングする～」

2　学年　低学年～中学年

3　時間　2時間

4　目標

・鉄やすりで削った土粘土の形の感じを捉え、「化石」としての見立てを考え、言葉も使いながら自分なりのイメージを表すとともに、友だちとの見方の違いを味わうことができる。

5　評価の観点

〈知識・技能〉

・鉄やすりで様々な削り方を試しながら、削った土粘土の形の感じを捉えようとしている。

〈思考・判断・表現〉

・削った土粘土の形の感じをもとに、「化石」としての見立てを考え、言葉も使いながら自分なりのイメージを表すとともに、友だちとの見方の違いを味わっている。

〈主体的に学習に取り組む態度〉

・土粘土を削り、化石として見立てる学習活動に主体的に取り組もうとしている。

6　学習計画

一次　鉄やすりで固まった土粘土を削る。（0.5～1時間）

二次　削った土粘土の形の感じから見立て、何かの「化石」としてイメージを持ち表す。（1時間）

7　材料・用具

・固まった土粘土、鉄やすり各種、化石名を記入するカード、筆記用具

8　おおよその展開例と留意点

学習活動	指導の主なポイント
○土粘土を鉄やすりで削る。 ・いろいろな形状の鉄やすりを試す。 ○削った土粘土に化石が隠れているかもしれない!?　何の化石がありそうか見立てる。 ○発見した（見立てた）化石を「化石置き場」に化石名を書いて置く。 ○みんなで発見した（見立てた）化石を見合い、その形の面白さなどを味わう。	■体全体で削ることを楽しめることを大切にしたい。 ■一度立ち止まらせ、「この中に、化石がかくれているかもしれないんだ！」と発問する。子どもの見方を揺さぶりたい。 ■「歯」「骨」などいかにも化石にありそうなもの以外のもの、「パン」「ハート」などファンタジックな見立ても大切にしたい。 ■お互いの化石名を紹介し合い、様々な見方の面白さやよさを感じさせたい。

1　題材名　「ゴミガエラセル・プロジェクト〜お店をひらく〜」

2　学年　高学年

3　時間　6時間〜8時間

4　目標

・身近な不要なものの形や色、質感などの造形的な特徴を捉え、それをもとに何を創り出せるかを考え、既習の用具や方法などを活用して自分の思いやイメージを実現するために工夫して表すことができる。

5　評価の観点

〈知識・技能〉

・触れたり、分類したりする活動を通して、身近な不要なものの形や色、質感などの造形的な特徴を捉え、つくりたいものを実現するために既習の用具や方法などを活用して工夫して表そうとしている。

〈思考・判断・表現〉

・身近な不要なものから何を創り出せるかを考え、自分らしい思いやイメージを持ち、その実現のために試しながら表そうとしている。

〈主体的に学習に取り組む態度〉

・不要なものから新しい何かを創り出す学習活動に主体的に取り組もうとしている。

6　学習計画

一次　ゴミ分ける（1時間）

二次　ゴミガエラセル（4〜6時間）

三次　ゴミふりかえる（1時間）

7　材料・用具

・不要になった身辺材、店舗用POPカード、接着剤、グルーガン等

8　おおよその展開例と留意点

学習活動	指導の主なポイント
○ゴミ分ける〜ゴミショップをひらこう〜 ・種類でわけよう！　形でわけよう！　色でわけよう！　手触りや質感でわけよう！ ○ゴミガエラセル〜つくり、つくりかえ、つくる〜 ・この材料を主役にしたいな！ ○ゴミふりかえる ・どんな種類、形、色、質感の特徴が組み合わさっているだろう。	■「ゴミショップをひらこう！」と投げかけ、店舗用POPカードを用意して楽しみながら分類できるようにしたい。 ■自分たちで分類した不要なものをもとに一人一人の思いやイメージが広がっていく姿に寄り添いたい。 ■一次での分類を意識することで、分析的な振り返りを促したい。

1　題材名　「形や色で、友だちと響き合う～線でウォーク！～」

2　学年　中学年

3　時間　2時間～4時間

4　目標

・「歩く感じ」「電波の感じ」などの言葉から線の特徴をイメージし自分らしく描き、友だちとの表し方の違いを味わうとともに、重なったお互いの線をもとに協働してイメージを広げながら描き合うことができる。

5　評価の観点

〈知識・技能〉

・「歩く感じ」「電波の感じ」などの言葉から線の特徴をイメージし自分らしく工夫して表している。

〈思考・判断・表現〉

・友だちとの表し方の違いを味わうとともに、重なったお互いの線をもとに協働してイメージを考え、思いを広げながら描き合っている。

〈主体的に学習に取り組む態度〉

・友だちと線を描きながらイメージを広げていく学習活動に主体的に取り組もうとしている。

6　学習計画

一次　言葉をもとに線を描く。（1～2時間）

二次　線をもとに友だちとイメージを広げながら絵に表す。（1～2時間）

7　材料・用具

・全紙大の画用紙または模造紙、パス、個人または共用えのぐ

8　おおよその展開例と留意点

学習活動	指導の主なポイント
※4～6人グループで活動 ○「歩く感じ」「電波の感じ」などの言葉から線の特徴をイメージし自分らしく描く。 ○同じ言葉から考えた線について、友だちがどう表すかを見て、その違いや共通点を感じ味わう。 ○描き合った線をもとに、「街」などのイメージを広げてパスや絵の具で描き合う。 ○各グループの作品を見合い味わう。	■「まずはみんなで散歩に行こう……」「あれ、留守だったみたい。電波の線を飛ばして電話をかけてみよう」といったようにストーリー仕立てにすることで、子どもの気持ちを盛り上げたい。 ■「街」というイメージが広がっていくことが予想される。しかし「未来の街」「外国の街」というように様々な子どもたちの思いの広がりを大切に認めたい。 ■実態に応じて、個人絵の具、パレットなどの使い方などを確かめる機会としてもよい。

おわりに

本書は、図工の学びの豊かさを伝えることを目的としたものです。
いわゆる授業づくりのHow to本ではありません。
ですから、明日からの授業づくりが劇的に変わることを期待していた
皆様には少々申し訳なく思っております。

ではどうして私がこういう本を「今」書くことにしたのでしょうか。
それは、これからの学校教育でなくなっていきそうな大切なものを
残さねばいけないと感じたから、ということになるでしょう。
なくなっていきそうなものとは「その教科を学ぶ楽しさや喜び」のことです。
忘れてしまいそうなのは、他でもなく
教師である我々です。
しかし、書き始めたところ筆が全く進みませんでした。
図工を学ぶ楽しさや喜びを一言で言い表せるほど、
私には力がなかったのです。
ですが、それでも、図工の学びの楽しさや喜びへつながる「何か」を伝える
一言があるとすれば……
そんな自問自答をしながら、これまでの私の図工室を振り返ったときに
「触れる」というキーワードが浮かび上がってきました。
私は、小学校に通う子どもたちに
図工という学びの核として
「触れさせてあげたい」と願ってきたように思ったのです。と、同時に
「触れる」がどんどんなくなっていくような危機感も感じました。
大人からも、子どもからも、です。

「触れる」は汚れるかもしれません。
「触れる」は面倒なことかもしれません。
「触れる」はリアルすぎるのかもしれません。
「触れる」は「便利」の真逆にあるものなのかもしれません。
「触れる」は「快適」の真逆にあるものなのかもしれません。
「触れる」は「効率」の真逆にあることなのかもしれません。

だから、今
こういった本を書くことにしたのです。
全国の図工の時間の子どもたちのために。
そして、自分自身への戒めとして。

2020年6月

笠　雷太

子どもが世界に触れる瞬間
子どもが自分らしく創造する
図画工作科の学びの豊かさ

2020（令和2）年8月1日　初版第1刷発行

著　者　笠　雷太

発行者　錦織　圭之介

発行所　株式会社東洋館出版社

　　　　〒113-0021　東京都文京区本駒込5丁目16番7号
　　　　営業部　電話03-3823-9206　FAX03-3823-9208
　　　　編集部　電話03-3823-9207　FAX03-3823-9209
　　　　振替　00180-7-96823
　　　　URL　http://www.toyokan.co.jp

組版・本文デザイン：株式会社明昌堂

印刷・製本：図書印刷株式会社

装丁デザイン：小口翔平＋岩永香穂（tobufune）

ISBN978-4-491-03718-9
Printed in Japan